Wege zur Schweiz

SÄUMERGENOSS
VON SAUMPFADEN UND FERNHANDELSSTRASSEN

Herausgegeben von der Schweizerischen Verkehrszentrale (SVZ)
Edition Schweiz im Wiese Verlag Basel

Impressum

Der «Säumergenoss» erscheint im Rahmen des Projekts «Wege zur Schweiz». Das Projekt wird unterstützt von:

Schweizerische Stiftung PRO PATRIA

385 Schweizer Gemeinden

Ernst Göhner-Stiftung

© 1994 Schweizerische Verkehrszentrale (SVZ)
Edition Schweiz im Wiese Verlag
CH-4002 Basel

ISBN 3-909164-09-9

Projektleitung, Redaktion:
Martine Ernst
Fotos: Lucia Degonda
Gestaltung: Dani Schneider
Wandervorschlag: Jolanda Blum

Der «Säumergenoss» erscheint in Zusammenarbeit mit dem Inventar historischer Verkehrswege der Schweiz (IVS). Autoren:
Klaus Aerni
Ernst Blumer
Jean-Pierre Dewarrat
Roland Flückiger-Seiler
Arne Hegland
Urs Alfred Müller
Laurence Margairaz
Hans von Rütte
Dorothea Wagner

Kartenausschnitte reproduziert mit der Bewilligung des Bundesamtes für Landestopographie vom 13.12.1993

Satz und Druck: Basler Zeitung

Für die Durchsicht des Wandervorschlages danken wir den folgenden Sektionen der Schweizer Wanderwege: Bern, Glarus, Graubünden, St. Gallen, Schwyz, Tessin, Uri, Wallis, Zug, Zürich.

Umschlag Vorderseite: Häderlisbrücke, Gotthard
Umschlag Rückseite: Hälenplatten, Grimsel

Inhalt

Säumer – die ersten europäischen Spediteure   4

Saumpfade und Fernhandelsstrassen   5

Türstkarte 1495–97   6

Vom Bergbauern zum Transporteur   9

Praktische Hinweise   11

Simplon   12
Von Domodossola nach Brig
Karte und Wanderroute   13
Der Pass des «Grossen Stockalpers»   18

Jaman   28
Von Vevey nach Château-d'Œx und Gruyères
Karte und Wanderroute   29
Der Saumpfad über den Col de Jaman   34

Gries   40
Von Domodossola nach Obergesteln
Karte und Wandervorschlag   41
Von den Walsern ins Wallis   44

Grimsel   52
Von Obergesteln nach Meiringen
Karte und Wanderroute   53
Von Viehhandel, Wein und Sbrinz   58

Gotthard und Albis   64
Von Mailand nach Zürich
Karte und Wanderroute   65
Von Säumergesellen und Eidgenossen   72
Eine Säumerstrasse zwischen den Seen – von Horgen nach Zug   73

Splügen und Kerenzer   86
Von Chiavenna nach Zürich
Karte und Wanderroute   87
Die «Untere Strasse» und der Splügen   92
Kerenzer   93

Bibliographie, Bildnachweis   102

Säumer – die ersten europäischen Spediteure

Die Transitreise über oder durch die Alpen entlockt uns zwar immer noch ein Staunen. Das Ziel im Süden oder im Norden vor Augen, lassen wir uns aber oft zu wenig Zeit zum Erkunden und Verweilen. Schade.

Ganz anders hielten es die Säumer, die sozusagen als erste Spediteure Waren aus allen Kontinenten über die Alpenkette beförderten. Von ihrer Arbeit geht immer noch eine urtümliche Romantik aus, wenn man an die langen Maultierkolonnen denkt, die den italienischen Wein, die Kastanien oder die Rohseidenballen aus China über den Griespass, den Gotthard oder den Splügen in die Dörfer und Städte nördlich der Alpen brachten. Bei fast jeder Sust, wo die Waren zwischengelagert und umgeladen wurden, lockte sie eine Herberge mit einem Becher Schnaps oder Wein. Vermutlich ging ihnen da und dort das Mass verloren, ging diese Unsitte doch in unseren Sprachgebrauch ein, die Zeit nicht zu versäumen.

Die Säumer, welche den beschwerlichen Transport besorgten, waren rauhe Gesellen, versehen mit einer guten Portion Eigensinn und einem starken Hang zur Selbstbestimmung. In gut organisierten Interessengemeinschaften legten sie gepflästerte Pfade über die Pässe an. Dank ihrem Einsatz konnte sich der Kaufmann in Venedig oder in Genua darauf verlassen, dass das Salz, die Gewürze oder der Reis unversehrt, im Sommer wie im Winter, auf die grossen Messen in Paris, Nürnberg oder Zurzach gelangten: die Säumer verbanden die Regionen Europas.

Der Gedanke der Verbundenheit mit Europa steht bei den «Wegen zur Schweiz» im Zentrum. Im Rahmen dieses Projektes der Schweizerischen Verkehrszentrale (SVZ) sind neben weiteren Publikationen bereits zwei Reiseführer in der gleichnamigen Serie erschienen. Nachdem der «Römische Reiseplaner» dem eindrücklichen Strassennetz der Römer in unserem Land nachspürte, folgte der «Pilgerkompass» der Reise des Mönches Hermannus Künig nach Santiago de Compostela durch das Gebiet der heutigen Schweiz. Der «Säumergenoss» begleitet Sie als drittes Büchlein in dieser Reihe über verschiedene Alpen- und Voralpenpässe.

Wenn Sie sich nun auf die Spuren der Säumer begeben, so wünsche ich Ihnen nicht nur eine entdeckungsreiche Wanderung durch die herrliche Schweizer Alpenlandschaft. Ich wünsche Ihnen auch etwas mehr Saumseligkeit, nämlich mehr Zeit, die schönen Seiten einer Reise beschaulich auszukosten.

Walter Leu,
Direktor der Schweizerischen Verkehrszentrale (SVZ)

Saumpfade und Fernhandelsstrassen

Die im «Säumergenoss» beschriebenen Routen sind eine Auswahl an historischen Saumpfaden in der Schweiz. Gut erhaltene Zeugen aus der Säumerzeit sind bei den grösseren Pässen besonders häufig.

Der Simplon (2005 m ü.M.) verbindet Domodossola mit Brig und war die kürzeste Verbindung zwischen Mailand und Paris. Die dominierende Figur am Simplon war im 17. Jh. der Walliser Geschäftsmann Kaspar Jodok Stockalper, der den mittelalterlichen Saumpfad ausbaute und den Handel wieder aufblühen liess. Der Saumpfad und die Stockalperbauten sind zu einem schönen Teil erhalten und prägen auch heute die Architektur am Weg.

Der Ausschnitt zeigt einen Säumer mit seinen zwei Pferden. Links ist das Tier mit Weinfässern und Säcken beladen, rechts trägt das Pferd Käselaibe. Stich von 1844. Stiftung Roth, Burgdorf.

Der Col de Jaman (1512 m ü.M.) zwischen dem Greyerzerland, dem Pays-d'Enhaut und Vevey am Genfersee war ein Pass von vorwiegend regionaler Bedeutung. Auf ihm wurden unter anderem die runden Greyerzer Käselaiber aus dem Freiburgerland zur Kundschaft am Genfersee geführt.

Ausgangspunkt des Griespasses (2479 m ü.M.) ist wiederum Domodossola. Durch das Antigorio und das walserische Pomat (Formazzatal) steigt der Weg in einer eindrücklichen Landschaft zum hochalpinen Pass, um nach Obergesteln im Goms hinunterzusteigen. Der Gries überwindet den südlichen Teil der Alpenkette, die Grimsel den nördlichen.

Zusammen mit dem Griespass war die Grimsel (2165 m ü.M.) ein eigentlicher Käsepass. Der Käse – der berühmteste ist wohl der Sbrinz – kam aus der Innerschweiz und dem Berner Oberland über die beiden Pässe nach Italien. Hier wurde die Bezeichnung Sbrinz zum Sammelbegriff für Hartkäse. Die Grimsel bietet in ihren oberen Passagen zahlreiche Zeugnisse der Wegbautechnik. Die flachgeschliffenen glazialen Felsplatten auf kristallinem Gestein haben die Säumer und ihre Tiere vor schwierige Probleme gestellt.

Obschon der Gotthard (2108 m ü.M.) zwischen Bellinzona und Flüelen zum Herzstück des Nord-Süd-Verkehrs geworden ist, hat er seinen Stolz und einen Teil seiner Unbezwingbarkeit bewahrt. Dies offenbart sich einem in der öden, schroffen Schöllenenschlucht, die eine Passage bis ins 13. Jh. hinein verunmöglichte. Auf dem teils gut erhaltenen Saumpfad kann man noch einige Geheimnisse des Gotthardes entdecken. Eine Fortsetzung der Gotthardstrecke findet sich in der Albisroute.

Der Splügen (2113 m ü.M.) gehört zu den ältesten Pässen der Schweiz und wurde bereits von den Rätern und Römern begangen. Von Chiavenna führt die Splügenstrasse nach Splügen Dorf. Die Walsersiedlung entwickelte sich dank der Säumerei zu einem häblichen Dorf. Bis heute hat es seinen speziellen Charakter erhalten. Eine mögliche Weiterführung Richtung Zürich verlief über den Walensee oder auf dem Saumpfad über den Kerenzerberg.

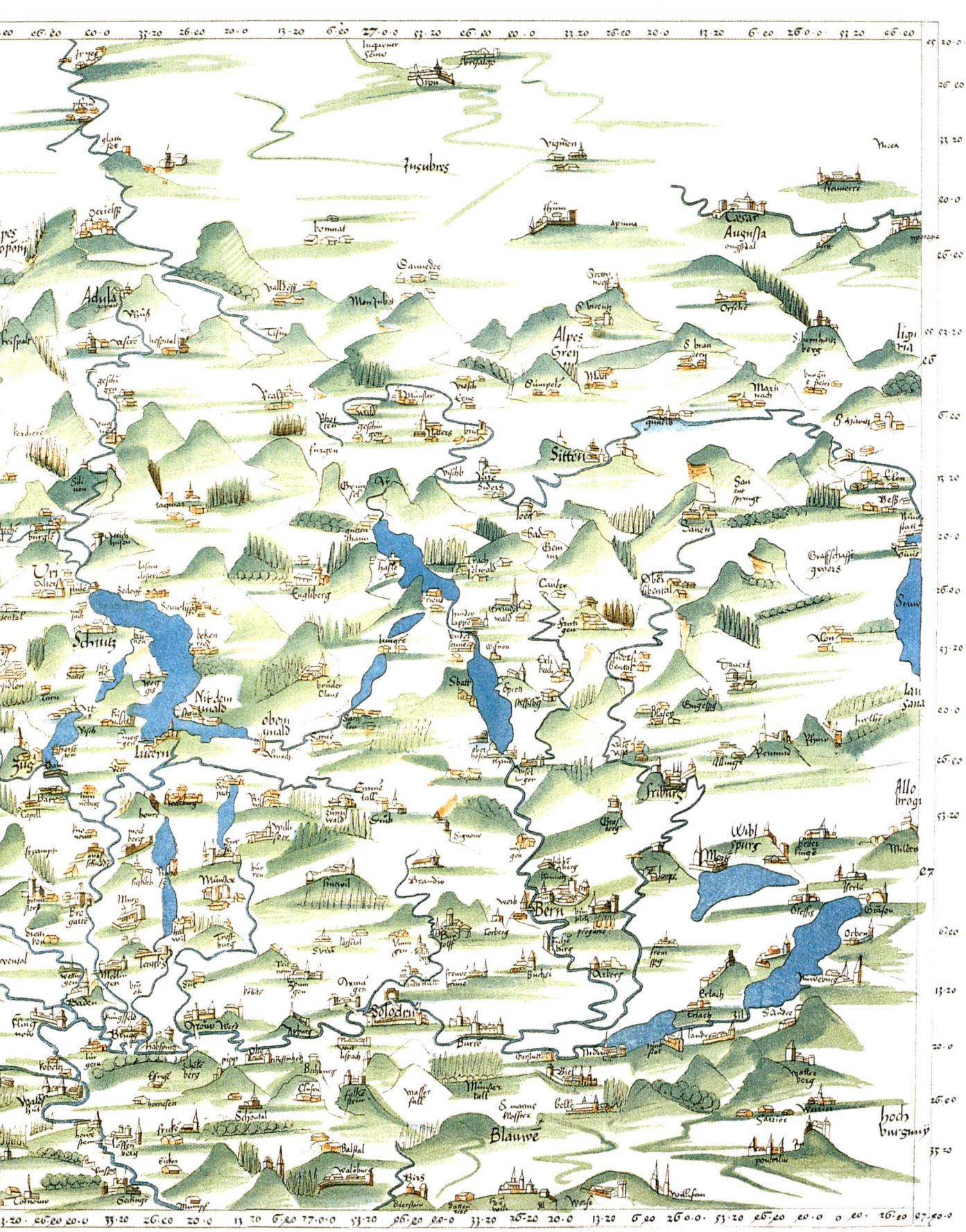

Türstkarte 1495–97

Konrad Türst († 1503), Karte der Eidgenossenschaft (ohne Titel) als Beilage zu seinem Werk «De Situ Confoederatorum Descriptio» – über die Lage der Eidgenossen oder Beschreibung Helvetiens. Zürich 1495–97; südorientiert (lithographierte Nachzeichnung) Massstab ca. 1:500 000. Original 54 × 40 cm mit deutschem Text in der Zentralbibliothek Zürich.

Vom Geiste der italienischen Renaissance erfüllt, verfasste der zwischen 1450 und 1460 in Zürich geborene Humanist mehrere dem herzöglichen Hause Sforza in Mailand gewidmete astrologische Arbeiten. Aufenthalte am Hofe zu Mailand 1493 und 1497 brachten ihn mit der in Oberitalien in Blüte stehenden Kartographie in Berührung. Diese stand im Zeichen der 1477 in Bologna unter dem Namen des griechischen Astronomen Claudius Ptolemäus († 160) im Kupferstichverfahren reproduzierten Kopien antiker und neuerer Karten sowie dessen «Anleitung zur Erdbeschreibung» – Tabellen, welche die Lage der Orte nach Graden der Länge und Breite angaben. In Anlehnung an diese Vorbilder schufen Wissenschafter wie Türst Länderkarten, bei welchen die Meridiane geradlinig nach Norden konvergieren, die Breitenkreise aber im Gegensatz zur ptolemäischen Kegelprojektion nicht als Kreisbogen sondern als Geraden konzipiert sind. In diesen «Trapezkarten» war man bestrebt, das Gradnetz wenigstens in einem Punkt – bei Türst ist dies Bern – mit dem Kartenbild in Übereinstimmung zu bringen.

Während die meisten «Trapezkarten» nordorientiert sind, lässt Türst aus szenarischen Gründen den Blick des Betrachters über die immer höher aufsteigenden Alpenkulissen nach Süden gleiten. Seine kontrastreiche Darstellung tiefblauer Flüsse und Seen, sattgrüner Hügel und erdfarbener Ortsansichten vermittelt eine Synthese aus Kunst, Technik und grossartiger Kenntnis des eigenen Landes.

Das fehlende Strassen- und Wegnetz wird ersetzt durch die als Orientierungshilfen und Verkehrsträger funktionierenden Gewässer, über welche sich an wichtigen Punkten Brückenanlagen spannen. Die Reichsstrasse von Italien über den Gotthard nach Deutschland führt uns über den Ticino bei Arbedo, die sagenhafte Teufelsbrücke in der Oberen Schöllenen, die befestigte Zollbrücke über die Göschenerreuss und die Thurbrücke bei Pfyn sowie über die Brücken der Reichsstädte Zürich und Konstanz.

Urs A. Müller

Die Darstellung des Grimsel-Hospizes («Haslispital») im Marchenbuch von Samuel Bodmer von 1705 ist die älteste Darstellung des 1557 erbauten Hauses. Das alte Hospiz liegt heute unter dem Seespiegel des Grimselstausees.

Vom Bergbauern zum Transporteur

Seit alters her waren unsere Bergbauern in der Lage, die Bodenschätze und landwirtschaftlichen Erzeugnisse des Alpenraumes wie Erze, Kristalle, Harz, Holz, Heu, Wild, Käse oder Butter bis zu einem halben Zentner Gewicht auf Fusswegen über grössere Strecken und Steigungen selber zu transportieren. Holzgestelle für Kopf, Schultern und Rücken, sogenannte «Räf», gestatteten ihnen, auch unwegsames Gelände wie Felswände oder Spalten mittels primitiver Holzleitern und ausgehauener Trittstufen zu meistern.

Mit der Verbreitung der Rinderhaltung im Berggebiet in der Zeit des 12. und 13. Jahrhunderts wurden zur Bestossung der Alpen Viehtriebwege nötig, welche zugleich auch als Saum- oder Schlittenpfade für Last- und Zugtiere genutzt werden konnten. Der Bergbauer war nun auch Säumer und konnte mit einem gebasteten Rind oder Ochsen das Dreifache, mit dem Schlitten das Sechsfache an Gewicht transportieren.

Tal- und Dorfleute an traditionellen, alpenquerenden Fernhandelsrouten wie im Val d'Entremont am Grossen Sankt Bernhard, zwischen Brig und Gondo am Simplon, im Reusstal und in der Leventina am Gotthard sowie zwischen Chur und Chiavenna bzw. Mesocco am Septimer/Splügen und San Bernardino widmeten sich seit dem Hochmittelalter mit zunehmendem Engagement der einträglichen Säumerei. Sie erlangten dadurch mehr und mehr eine wirtschaftliche Eigenständigkeit und wurden, wie das Beispiel der Bauernrepubliken am Gotthard zeigt, politisch weitgehend unabhängig gegenüber der Landesherrschaft. So konnte sich die Markgenossenschaft Uri 1231 aus eigener Kraft von Habsburg loskaufen und eine reichsunmittelbare Talgemeinde werden.

Für den Wegabschnitt innerhalb ihrer Talschaft oder ihres Gemeindebannes verfügten die mit der «Communitas» (Gemeinwesen freier Bauern beidseits des Gotthards) identischen oder in «Rodgenossenschaften» (für eine Etappe verantwortliche Vereinigung von Säumern in Bünden) organisierten bäurischen Säumer über das Transportmonopol. Neben dem Vorrecht eines jeden Säumers, nach genau festgelegtem Turnus das Transportgut in der Sust zu laden und für einen vom Sustmeister oder Ballenleiter nach Absprache mit den Kaufleuten ausbezahlten Fuhrlohn bis zur nächsten Sust zu «ferggen», erwuchsen ihm auch Pflichten. Er haftete für entstandene Transportschäden und für die Einhaltung der fristgerechten Ablieferung der Ware. «Säumige» wurden mit einer Busse bestraft. Wegunterhalt und Schneebruch gehörten ebenfalls zum Pflichtenheft der Säumer oder waren Sache der Gemeinden.

Säumerei und Bauerntum waren eng miteinander verflochten. Ohne Heimstatt, eigene, ungepfändete Last- und Zugtiere sowie Stoss- und Weiderechte auf der gemeinsamen Alp und Allmend (für ein Pferd benötigte man meistens zwei Kuhrechte), oder als Zugezogener, war man vom Kreis der Transporteure ausgeschlossen. In den frühen Säumerordnungen von Osco in der oberen Leventina 1237, der Talschaft Ursern am Gotthard 1363 oder der Talleute von Uri 1383 werden diese Rechte und Pflichten festgehalten, wobei jeweils auf ältere Bestimmungen hingewiesen wird.

Auch wenn die Rodgenossenschaften wie in Graubünden sich zum Teil in Dach- oder sogenannten «Portverbänden» zusammenschlossen, wie an der «Oberen Strasse» über den Septimer die vier Porten Lenz, Tinzen, Bivio und Bergell, kam es wie am Gotthard oder Simplon des öftern zu Rivalitäten und Streitereien zwischen den einzelnen Gemeinwesen und Talschaften. Transportverzögerungen waren die Folge und der Kaufmann hatte keinen Zugriff auf seine in einer der Susten gelagerten Güter. Eine Alternative ergab sich in der immer öfters praktizierten «Strackfuhr», welche mit einem Ferntransport vergleichbar ist. Strackfuhrsäumer führten, oft begleitet von den Besitzern der Waren, die Güter in Tagesetappen, zum Teil auch nachts und an Feiertagen an den Bestimmungsort, der auch über der Grenze liegen konnte. Neben den Zöllen hatte der Säumer aber auch Weg- und Brückengelder, die «Fürleite» zu berappen. 1498 regelte beispielsweise Uri die Strackfuhr zwischen Flüelen, Wassen und Ursern, indem es die Rodfuhr auf billige Massengüter beschränkte.

War die auf einer intakten Dorf- oder Talgemeinschaft aufgebaute Etappen- oder Rodsäumerei ein Garant für den Wohlstand der gesamten einheimischen Bergbevölkerung, zerstörte die partikularistischen Interessen dienende Stracksäumerei der Zusammenhalt der Gemeindeglieder und löste die Stracksäumer aus ihrem bäuerlichen Umfeld heraus. In unserer Alpenregion im allgemeinen und besonders entlang von Transitachsen stellen wir anfangs des Spätmittelalters eine Aufgabe des arbeitsintensiven Ackerbaus zugunsten der Viehzucht fest. Eine Erklärung dieses Phänomens dürfte in der Ausbildung des neuen Berufsstandes der Transporteure liegen.

Urs A. Müller

Praktische Hinweise

Der «Säumergenoss» begleitet Sie in sechs Kapiteln über acht Saumpfadrouten von unterschiedlicher Länge und Bedeutung. Die Routen über den Simplon, Gries, Gotthard und Splügen nehmen ihren Anfang in Italien.

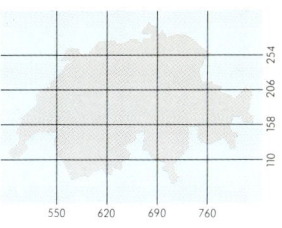

Koordinatennetz

Jedes Kapitel führt Sie mit einer Landeskarte im Massstab 1:200 000 (Ausnahme Gotthard: 1:300 000) in die jeweilige Route ein. Die farbigen Anmerkungen weisen auf Sehenswürdigkeiten hin und sind im Bildteil erläutert. Meist stossen Sie direkt auf dem Wanderweg auf die Pflästerungen, Inschriften oder andere Zeugen aus der Säumerzeit. Hin und wieder sind Koordinatenangaben dennoch hilfreich. Ein nützliches Instrument ist der Koordinatenmassstab oder -winkel, den Sie leicht selber herstellen können, z.B. für die Landeskarte 1:25 000 mit dem gängigen, karierten 4-mm-Papier: zehn Karos entsprechen auf der Landeskarte 1:25 000 genau dem Abstand zwischen zwei Koordinaten, in Metern umgerechnet einem Kilometer. Auf den einzelnen Strecken kommen Sie mit einer Landeskarte der Schweiz, Bundesamt für Landestopographie, im Massstab 1:50 000 gut zurecht, der grössere Massstab 1:25 000 gibt Ihnen jedoch bedeutend mehr Details.

Koordinatenmassstab

Der Wandervorschlag führt Sie in jedem Kapitel von Süden nach Norden und beschränkt sich auf die Beschreibung der eigentlichen Saumpfade. Bei Hinweisen auf öffentliche Verkehrsmittel ist jeweils die Kursbuchnummer angegeben (z.B. + 145.40). Angegeben sind auch die Telefonnummern der Verkehrsvereine und Museen, die in ihrer Ausstellung einen Bezug zur Säumerzeit haben.

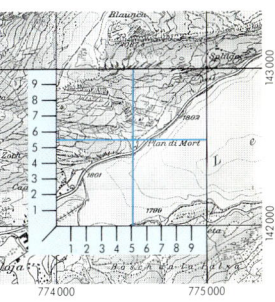

Plan di Mort 774 500/142 550
Landeskarte (LK) 1276

Mit einem Paar Wanderschuhe, einem warmen Pullover und einer Windjacke sind Sie für eine entdeckungsreiche Wanderung über die einzelnen Saumpfadrouten gut gerüstet. In den Rucksack gehört auch etwas Proviant, je nachdem, welche Strecke Sie wählen.

Einige der beschriebenen Wege sind nur in den Sommer- und in den frühen Herbstmonaten begehbar; im Zweifelsfall hilft ein Anruf beim lokalen Verkehrsbüro.

Simplon
Von Domodossola nach Brig

❶ ❷ Domodossola

(272 m ü.M.)
Domodossola–Gondo: per Bus 32'

Rundgang: *Marktplatz,* Motta-Quartier, Piazza Fontana, Palazzo Silva, Toretta, Pfarrkirche.
Von Domodossola fährt man mit dem Autobus durch das Val Divedro bis Gondo (+145.40).

❸ - ❻ Gondo

(858 m ü.M.)
☎ 028-29 11 34 (Simplon Dorf)
Gondo–Simplon Dorf: 4 h 50'

Vom Grenzdörfchen führt der Weg über die Doveria hinauf durch das untere Zwischenbergental. Im Steilhang zwischen Gondo und Stalden geht es auf dem erhalten gebliebenen Saumweg und über kürzere Strecken auf der Fahrstrasse hoch. Im Bereich der unteren Kehren lohnt sich der Blick zurück auf die meterhohen Trockenstützmauern, die einst mit viel handwerklichem Können ohne Mörtel errichtet wurden. Der treppenartige Aufstieg auf gepflästertem Weg führt am *unteren Bildstock* mit einer Inschrift von 1748 und am *oberen Bildstock* vorbei. Nach etwa 100 m auf der Fahrstrasse biegt ein Pfad links ab, zu den *Ruinen des Goldbergwerkes* bei Hof.
Das folgende Wegstück führt auf der asphaltierten Fahrstrasse bis nach Bord (Restaurant und Übernachtungsmöglichkeit). In Bord steigt der Wanderweg auf dem Trassee des Saumweges steil an. Es sind jedoch keine besonderen Merkmale mehr aus der Säumerzeit vorhanden. So gelangt man über die Chatzhalte zur Passhöhe des Furggu (1872 m). Weiter auf dem historischen Verlauf des alten Saumpfades wandert man durch die erbauliche Landschaft des Feerberges. Der Saumweg verbreitert sich dann zu einem unerwartet mehrere Meter breiten, beidseitig mit Trockenmauerwerk befestigten Viehtriebweg. An dessen linken Wegrand ist eine *Inschrift von 1635* auf einem am Boden liegenden Stein zu finden. Bereits von oben gesichtet, kommt man anschliessend an einer *Wegkapelle* vorbei. Sie wurde von Franz Teiler aus Simplon Dorf 1880 erbaut, kurz bevor er nach Übersee auswanderte. Weit schweift der Blick über das Tal, zum Simplonpass hinauf und ins seitliche Laggintal hinein. Der weitere Abstieg wird allmählich immer steiler und führt über stellenweise gepflästerte Partien nach *Gsteihüs*. Ein kurzes Stück entlang der Laggina, überquert man den Bach und steigt durch das Auenwäldchen hinauf zur Nationalstrasse, die bei Gstein gequert wird. Nun geht man vorerst auf einem schmalen Hangweg im Wiesland hinauf, später auf einem Flursträsschen und erreicht, im letzten Abschnitt auf der Napoleonstrasse und durch einen engen gepflästerten Gassenzug, das «Stutzji», *Simplon Dorf.*

❼ - ⓬ Simplon Dorf

(1460 m ü.M.)
☎ 028-29 11 34/38
Ecomuseum und Passwege:
028-29 15 20
Simplon Dorf–Simplonpass: 3 h

Rundgang: Dorfplatz, «Alter Gasthof», «Weisses Kreuz», alte Gassen, Hotel de la Poste (Napoleons Offizierskaserne), Hotel Fletschhorn (ehem. Salzdepot). Übernachtungsmöglichkeiten.
Der *Saumweg* über den Dorfstutz zur Häusergruppe Sengg verläuft in einer dem Gelände optimal angepassten Linienführung, wo Trockenmauern erhalten und alte Pflästerungen zum Teil freigelegt sind. Auf dem Wanderweg durch ein Gletschersturzgelände erreicht man den bezaubernden Weiler Egga. Man folgt dem Weg, der parallel zur Nationalstrasse auf dem Schotterbett neben einer Flurstrasse zur napoleonischen *Brücke Ägerbrigge* führt und überquert den Chrummbach. Auf dem *Stockalperweg* zwischen Maschihüs und Engiloch lässt man sich durch historische Gassen im Originalzustand leiten. Man trifft auf freigelegte Pflästerungen und vereinzelte Hohlwegformen, bemerkt bei Engi am rechten Wegrand eine alte *Sust* mit einem mächtigen Lawinenkeil, geht über Trittrillen aus zwei Generationen vor dem markanten Felshöcker (Pt. 1733) und freut sich über die wunderbare Flora. Nach dem Engpass Engiloch zweigt man links wieder auf den Wanderweg ab zum Weiler Niederalp, hinauf zum *Alten Spittel.* Dieses liess Stockalper in

den sechziger Jahren des 17. Jahrhunderts anstelle des verfallenen Johanniterhospizes erbauen. Östlich davon steigt der Fussweg zum Alpstafel Niwe an. Mit Ausnahme des südlichsten Teils ist die wertvolle Saumpfadpartie unterschiedlich gepflästert (grossflächiges Plattenpflaster, Steilpflaster, Lesesteinpflaster). In gewundenem Verlauf durch die glazial geformte Rundhöckerlandschaft geht es weiter bergan zur Passhöhe.

⓭ - ⓰ Simplonpass
(2005 m ü.M.)
☎ 028-29 11 34/38 (Simplon Dorf)
Simplonpass–Brig: 3 h 25′

Auf der Passhöhe (Übernachtungsmöglichkeiten) beeindruckt das grösste aller europäischen *Hospize*.

Der Abstieg ins Tavernatal ist steil. Der alte *Serpentinenweg* durch den Lärchenwald, entlang des Hopschugrabens, weist verschiedene Pflästerungstechniken und Trockenmauerwerk auf und führt zur «*Taferna*», dem alten Gasthaus im hintersten Teil des Tales. Der folgende Abschnitt talauswärts wurde 1992/93 wiederhergestellt. Er führt durch eine schöne und blumenreiche Landschaft, fernab von Lärm und Hektik. Auch die Holzbrücken vor Mittubäch sind rekonstruiert und die alte Linienführung entlang des Tafernabaches ist somit wieder begehbar gemacht worden. Über die neue Forststrasse wandert man dann bis zum Ganterbach. Kurz nach dessen Überquerung biegt der Saumweg rechts hinauf in Richtung Schallberg (Restaurant an der Passstrasse oben). Auf dem 1992 rekonstruierten Stockalperweg geht es nun wieder über den in die senkrechten Felswände der Saltinaschlucht eingehauenen Weg (prachtvolle Pflästerungen, *4 Inschriften* mit Jahrzahlen), der anschliessend durch den Riederwald hinunterführt nach Brei und Lingwurm. Weiter auf dem historischen Trassee, das durch die Querung der Nationalstrasse jedoch unterbrochen wird, wandert man den «*Stitz*» (Hohlweg) und «*Römerweg*» hinab und kommt über die alte Simplonstrasse in das Herz der Stadt.

⓳ - ㉔ Brig
(684 m ü.M.)
☎ 028-23 19 01
Museum im Stockalperpalast:
028-23 19 01 (Verkehrsverein)

Rundgang: Simplonstrasse, Stockalperstall, Kollegiumskirche, Ursulinenkloster, *Stockalperpalast,* Herrschaftshäuser.

An der Wegscheide am Sebastiansplatz in Brig teilte sich der Saumverkehr zu den verschiedenen Alpenübergängen: nord- beziehungsweise ostwärts über den Rotten ins Goms und zu den Pässen Furka, Grimsel und Albrun, westwärts über die Saltina nach Sitten, St-Maurice, Genfersee (Villeneuve), Vevey, Lausanne, Col de Jougne Richtung Champagne oder nach Paris (oder aber über Genf nach Frankreich).

Noch heute kann selbstverständlich das Rhonetal hinunter gewandert werden. Es gibt noch etliche Zeugnisse aus der Säumerzeit zu bewundern.

Landeskarten: 1:25 000: Simplon 1309, Brig 1289.
1:50 000: Domodóssola 89 (Kompass Carta turistica, ISB N 3-87051-096-X).
Wanderliteratur: Inventar historischer Verkehrswege der Schweiz IVS. Wanderungen auf historischen Wegen. Ott Spezial Wanderführer. Thun 1990.

❶ ◀ **Domodossola**

Die Stadt war Ausgangs- und Zielort für Säumerkarawanen über den Simplon- und über den Griespass (siehe auch Kapitel Griespass). Im Bild der historische Marktplatz.

LK 285

❷ ▼ **Varzo**

Die alte Steinbrücke im wilden Tal der Diveria zwischen Crevola d'Ossola und Varzo ist eine imposante Zeugin mittelalterlicher Wegbaukunst entlang der Simplonachse.

LK 275, 665 150/113 800

❸ ▼ Gondo

Die Handelsmacht von Kaspar Jodok Stockalper beherrschte im 17. Jh. den gesamten Verkehr zwischen Oberitalien und den Messen in der Champagne. Im Bild das burgartige, als Sust und Zollstätte dienende siebenstöckige Gebäude.

LK 1309

❸ ▶ Gondo

Stockalper legte eine Alternative zur Route in der Gondoschlucht an, indem er den Weg über den Feerberg ausbauen liess. Im Aufstieg ins Zwischenbergental wurde 1748 ein Bildstöcklein unter einem schutzbietenden Felsbrocken errichtet.

LK 1309, 654 020/116 060

❸ ▲ Gondo

Etwas weiter oben steht in einem treppenartigen Aufstieg ein weiteres Bildstöcklein.

LK 1309, 654 230/115 770

❹ ◀ Hof

Möglicherweise wurden die Goldminen von Gondo bereits von den Römern ausgebeutet. Auch Stockalper liess die Minen betreiben. Die sichtbaren Ruinen stammen aus dem späten 19. Jh.

LK 1309, 654 150/115 360

❺ ◀ Feerberg
Nach dem steilen Aufstieg führt der Weg ebenso steil nach Gstei/Gabi hinunter, vorbei an einer kleinen Kapelle. Im Hintergrund erkennbar ist Simplon Dorf.
LK 1309, 649 800/114 520

❺ ◀ Feerberg
Die Jahrzahl 1635 oberhalb der kleinen Wegkapelle zeugt wohl vom frühen Wegausbau durch den «Grossen Stockalper».

❻ ▶ Gstein-Feerberg
Das «Gsteihüs» am Fusse des Feerberges war im 15. Jh. Sitz der Gemeindeverwaltung. Eine weitere Route führte dem Südhang der Gondoschlucht entlang, wo sich bei Äbi Ruinen einer nie vollendeten Sust aus der Zeit Stockalpers befinden.
LK 1309, 649 080/114 510

❼ ▼ Simplon Dorf
Simplon Dorf ist eine charakteristische Strassensiedlung mit südlichem Gepräge. Entlang der Wegführung entstanden alle für den Passverkehr nötigen Einrichtungen. Der Saumpfad ist im Dorfkern im «Stutzji» noch gut erhalten.
LK 1309

❼ ▲ Simplon Dorf
Der ehemalige Gasthof aus der Stockalperzeit liegt am Dorfplatz von Simplon. Gegenwärtig in Renovation, soll er den Sitz der Stiftung Simplon sowie ein Museum zur Passgeschichte beherbergen.
LK 1309

Der Pass des «Grossen Stockalpers»

Der Simplonpass verbindet als internationaler Alpenpass die Lombardei mit dem Oberwallis oder genauer gesagt, die Städte Domodossola in Italien mit Brig in der Schweiz. Seine Lage im Alpenraum ist im internationalen Nord-Süd-Transit nicht günstig, da ihm die ideale Weiterführung über die Berner Alpen ins schweizerische Mittelland fehlt. Trotzdem ist seine Geschichte durch den Transitverkehr und die internationale Politik massgeblich geprägt: er bildet das Kernstück der kürzesten Verbindung in West-Ost-Richtung zwischen Mailand und Paris und stand dadurch seit frühester Zeit im Konkurrenzkampf mit dem zweiten bedeutenden Walliserpass: dem Grossen Sankt Bernhard.

Stockalpersust mit Turm in Gondo auf einem Stich aus dem 19. Jahrhundert

Archäologische Funde lassen den Schluss zu, dass der Pass bereits in der Bronze- und Eisenzeit begangen wurde. Verschiedene Indizien sprechen dafür, dass er auch von den Römern benutzt wurde, obschon eindeutige Nachweise fehlen. Die frühmittelalterliche Passgeschichte ist unbekannt. Im späten 12. Jahrhundert allerdings taucht der Simplonweg aus dem Dunkel der Geschichte auf. Sogleich nimmt er im internationalen Transitverkehr eine bedeutende Stellung ein. Er verbindet zu jener Zeit in idealer Weise die oberitalienischen Handelszentren mit den bedeutenden Messen in der Champagne. Die erste urkundliche Erwähnung eines Hospizes aus dem Jahre 1235 erwähnt dieses als längst schon bestehend. Der Transitverkehr durch das Wallis wurde durch den Bischof von Sitten als oberstem Landesherrn mit den Mailänder Handelsgesellschaften vertraglich abgesichert und organisiert. Dieser grosse Verkehr muss bis ins beginnende 15. Jahrhundert einen mächtigen Umfang beibehalten und eine erste Blütezeit am Simplon bedeutet haben. Gleichzeitig liess der Bischof im Rhonetal eine vollständig neu angelegte Reichsstrasse erstellen, die bis in napoleonische Zeit in Betrieb gestanden hat.

Säumerkolonne auf der Gondogalerie. Die 222 m lange Galerie wurde Anfang des 19. Jh. auf dem alten Saumpfad gegenüberliegenden Seite der Schlucht angelegt

Gegen den bischöflichen Willen entstanden im Oberwallis bereits im Mittelalter selbständige lokale Säumergenossenschaften, die in der Folge den Transport der Waren selber in die Hand nahmen. Grosse Verlagerungen im europäischen Handel, bedingt durch den Niedergang der Messen in der Champagne sowie die langwierigen Eschentaler Kriege am Ende des 15. Jahrhunderts und schlussendlich innenpolitische Probleme im Wallis selber begründeten den jähen Zerfall des Transitverkehrs auf der Simplonachse im 16. Jahrhundert. Der Gotthard und andere Alpenpässe im Einflussbereich der Eidgenossenschaft haben dem Simplon im ausgehenden Mittelalter den Rang abgelaufen.

Im 17. Jahrhundert reorganisierten junge Unternehmer mit straffer Führung den Handel über den Simplon. Zuerst befasste sich Michael Mageran aus Leuk intensiv mit dem Simplontransit. Dieser grosse Staatsmann ist den Wirren der Gegenreformation, die zu Beginn des 17. Jahrhunderts im Wallis grausam wüteten, zum Opfer gefallen. Seit 1630 nahm Kaspar Jodok von Stockalper aus Brig seinen Platz ein. Er verstand es, mit Hilfe seiner über ganz Europa gespannten Fäden ein einmaliges Handelsimperium aufzubauen. Am Simplon verbesserte er den mittelalterlichen Weg und sicherte ihn mit einer ganzen Anzahl monumentaler Gebäude: das Stockalperschloss in Brig, das alte Hospiz unter der Passhöhe sowie der Stockalperturm in Gondo sind für die Passlandschaft die bedeutenden Gebäude,

Simplon Dorf mit altem Turm. Stich von 1832

die Stockalper erbauen liess. «Le roi du Simplon», wie er auch genannt wurde, verhalf damit dem Pass zu einer neuerlichen Blütezeit, die aber nach seinem Abtritt von der politischen Bühne in den 1670er Jahren abrupt ihr Ende fand. Im 18. Jahrhundert war der Simplonweg zerfallen und der Walliser Landrat beklagte wiederholt seinen schlechten Zustand.

Erst die revolutionären Vorgänge in Frankreich kurz vor 1800 weckten den Simplon aus seinem Dornröschenschlaf. Napoleon I liess aus militärischen Überlegungen unter der Leitung des Ingenieurs Nicolas Céard zwischen 1800 und 1805 eine Strasse über den Simplon bauen, die erste moderne Fahrstrasse über einen Hochalpenpass. Sie erschloss auf der Nordseite eine vollständig neue Linienführung, und zwar mit einer Schlaufe ins Gantertal, dem Hang über Schallbett entlang und ersetzte dadurch die alte, direkte Führung durch die Tafernaschlucht. Die wilde Gondoschlucht auf der Südseite wurde mit mehreren Kunstbauten (Brücken und Tunnels) bezwungen. Im Postkutschenzeitalter übte dieses technische Meisterwerk eine grosse touristische Anziehungskraft aus. Die Simplonstrasse hielt Einzug in unzählige Reisebeschreibungen und ihre Kunstbauten erschienen auf zahlreichen bildlichen Darstellungen des frühen 19. Jahrhunderts, so beispielsweise bei Gabriel Lory fils.

Alter Spittel am Simplon aus dem Jahr 1810, kolorierter Stich, PTT-Museum Bern

Die Eröffnung des Eisenbahntunnels im Jahre 1906 unterbrach den Passverkehr vorübergehend vollständig. Der internationale Kutschenverkehr wurde eingestellt und die letzte Kutsche wehmütig im Stockalperhof ausgestellt. Die touristische Bedeutung des Simplonpasses stieg erneut durch die Einführung der ersten Postautokurse im Jahre 1919; der Simplon war der erste von Postautomobilen befahrene Alpenpass der Schweiz. Bis 1954 fuhr im Winter jeweils noch täglich ein Schlittengespann über den Pass, dann versank er im Winter jeweils erneut im Schlaf. Seit 1968 ist die Passstrasse ganzjährig geöffnet und mit dem Bau der wintersicheren Nationalstrasse hat der Simplon wieder entscheidend an Bedeutung im internationalen Verkehr gewonnen.

Brig nach 1662, noch vor dem Bau des Stockalperpalastes. Mitten im Dorf, auf der «Stras auff Italia» befand sich die alte Sust

Eine Episode, die noch heute in Ruinen und in der Erinnerung weiterlebt, muss am Schluss noch erwähnt werden: die «Goldbergwerke» in Gondo. Bereits im Mittelalter hatte man Gold ausgebeutet, und im 17. Jahrhundert betrieb der berühmte Stockalper dort eine seiner zahlreichen Minen. Einen wahren Goldrausch erlebte Gondo aber von 1894 bis 1896, als eine französische Gesellschaft mit grossem Aufwand 5791 Tonnen Erz ausbeutete und dabei 33 Kilogramm Gold gewann. Nach dem Konkurs dieses Unternehmens wurde es endgültig still um das einstige «Goldgräber-Städtchen» und heute zeugen nur noch einige Ruinen am Eingang ins Tal von Zwischbergen vom einstigen Goldrausch. *Roland Flückiger-Seiler*

Alt-Brig mit Blick auf die Saltinaschlucht und den Simplonpass um 1830

❼ ◀ ◀ ▼ Simplon Dorf
Der mittelalterliche Saumpfad, seine Brücken und Stege zerfielen, bis Jodok Stockalper die ganze Strecke neu ausbauen liess, grösstenteils auf dem alten Wegverlauf.
LK 1309, 647 280/116 620

❽ ▼ Egga
Egga wurde nach der Zerstörung der alten Siedlung im Trinisbodu durch einen Gletschersturz im Jahre 1597 hier erbaut.
LK 1309

❾ ▲ Ägerbrigge
Auf Befehl Napoleons wurde unter grossen Schwierigkeiten 1800–1805 die erste Kunststrasse in den Hochalpen über den Simplon gebaut. Fragmente sind heute noch erhalten. Hier die Ägerbrigge bei Maschihüs.
LK 1309, 646 380/118 080

🔟 ▲ Maschihüs
Der Wegabschnitt oberhalb Maschihüs verläuft durch eine prächtige Gasse, welche beidseitig mit hohen Trockenmauern begrenzt ist.
LK 1309

⓫ ▲ Engi
Unmittelbar vor der Galerie der Schnellstrasse steht ein grosses Steinhaus, hinten durch einen Keil vor Lawinen geschützt. Der Bau war vermutlich eine Sust. Er wird 1555 in einer Säumerverordnung erstmals erwähnt.
LK 1309, 645 810/119 000

⓬ ▲ Gampisch
Stockalper entwickelte ein für seine Zeit einmaliges Bauprogramm. Beim alten Spittel errichtete er das turmartige Sustgebäude. In den unteren Stöcken wurden mittellose Reisende betreut, oben wohnte im Sommer die Familie Stockalper.
LK 1309, 644 500/120 570

⓭ ▲ Hospiz
Im Auftrag Napoleons sollte ein Hospiz entstehen, das auch als Kaserne vorgesehen war. Nach dem Sturz Napoleons nahmen die Chorherren vom Grossen St. Bernhard 1825 die Arbeiten an einem redimensionierten Bau wieder auf.
LK 1309

⓮ ◄ Lärchenmatt
Nördlich des Passes beginnt der steile Abstieg mit einem prächtigen Serpentinenweg. Hier sind verschiedene Pflästerungstechniken und Querabschläge für den Wasserabfluss gut erkennbar.
LK 1289, 645 930/122 520

⓯ ▲ Taferna

Die ehemalige Taverne datiert von 1684. Die legendäre Wirtin, Johanna Fy, soll den Reisenden den Wein mit Wasser verdünnt haben. Ihre Seele soll deshalb bis in alle Ewigkeit am Kaltwassergletscher herumgeistern.

LK 1289, 646 080/123 580

⓰ ▲ ▲ ◀ ◀ Schallberg

Diverse Inschriften unterhalb Schallberg zeugen vom grossen Kampf der Menschen mit der Natur zur Erhaltung des Saumweges. Drei Jahrzahlen (1661 und zweimal 1667) weisen auf den Wegausbau durch Kaspar Jodok von Stockalper hin.

LK 1289, 644 900/127 100
bis 644 290/127 830

⑰ ▲ Saltinaschlucht
Der gepflasterte Weg in der Saltinaschlucht wurde lange irrtümlicherweise als «Römerweg» bezeichnet. Vom schön restaurierten Trassee aus bietet sich ein eindrücklicher Blick in die tiefe Schlucht.
LK 1289

⑰ ▲ Saltinaschlucht
Ausblick vom Saumpfad in der Saltinaschlucht auf die Ebene von Glis und Brig und den Hang von Mund.
LK 1289

⑱ ◀ Brig
Obschon Brig bereits im 13. Jh. als bischöfliche Zollstätte auftrat, gelangte der befestigte Ort am Simplonfuss erst dank den Aktivitäten von Kaspar Jodok von Stockalper zu Reichtum.
LK 1289

▶ Brig

Unmittelbar am alten Saumweg zum Simplon gelegen, dominieren die drei Türme des imposanten Stockalperschlosses. Stockalper wurde noch vor der Fertigstellung von Neidern gestürzt.

LK 1289

▼ Brig

Der Innenhof des Schlosses sollte auch die Funktion einer Sust übernehmen. Im Vordergrund standen aber ästhetische Überlegungen: der prächtige Arkadenhof dient vor allem zur Zier, ist also nicht Zubringer zu den Räumlichkeiten.

LK 1289

⑲ ▲ Vernayaz
Wasserfall bei Vernayaz, genannt «pisse vache».
LK 1325

⑳ ◄ St-Maurice
Bei St-Maurice verengt sich das Tal zu einer natürlichen Talsperre. Die historische Achse zum Simplon führte durch die «Grand-Rue».
LK 1304

㉑ ◀ Villeneuve
Die savoyische Genfersee-flotte hatte in Villeneuve ihren Stützpunkt. Dieses Städtchen war bis ins 15. Jh. ein wichtiger Handels- und Umschlagplatz. Die ehemalige Spitalkirche Notre-Dame diente als Pilgerherberge.
LK 1264

㉑ ▲ Villeneuve
Über den Genfersee nahmen die Waren den Weg Richtung Genf oder Lausanne oder sie wurden auf Karren über den Col de Jougne nach Frankreich in die Messestädte der Champagne transportiert.

㉒ ▲ Troyes
Troyes und die anderen Städte der Champagne bildeten von der Mitte des 12. Jh. bis ins 14. Jh. hinein das Zentrum des internationalen Handels. Die Messen waren auf das ganze Jahr verteilt und zogen Händler aus dem ganzen Abendland an.

㉓ ◀ Paris
Notre-Dame-de-Paris. Trotz aller geographischen Vorteile, welche die Stadt Troyes bot – sie lag an der Verbindung zwischen Italien und England – lief ihr Paris im Verlauf des 14. Jh. auch den Rang als Messestadt ab.

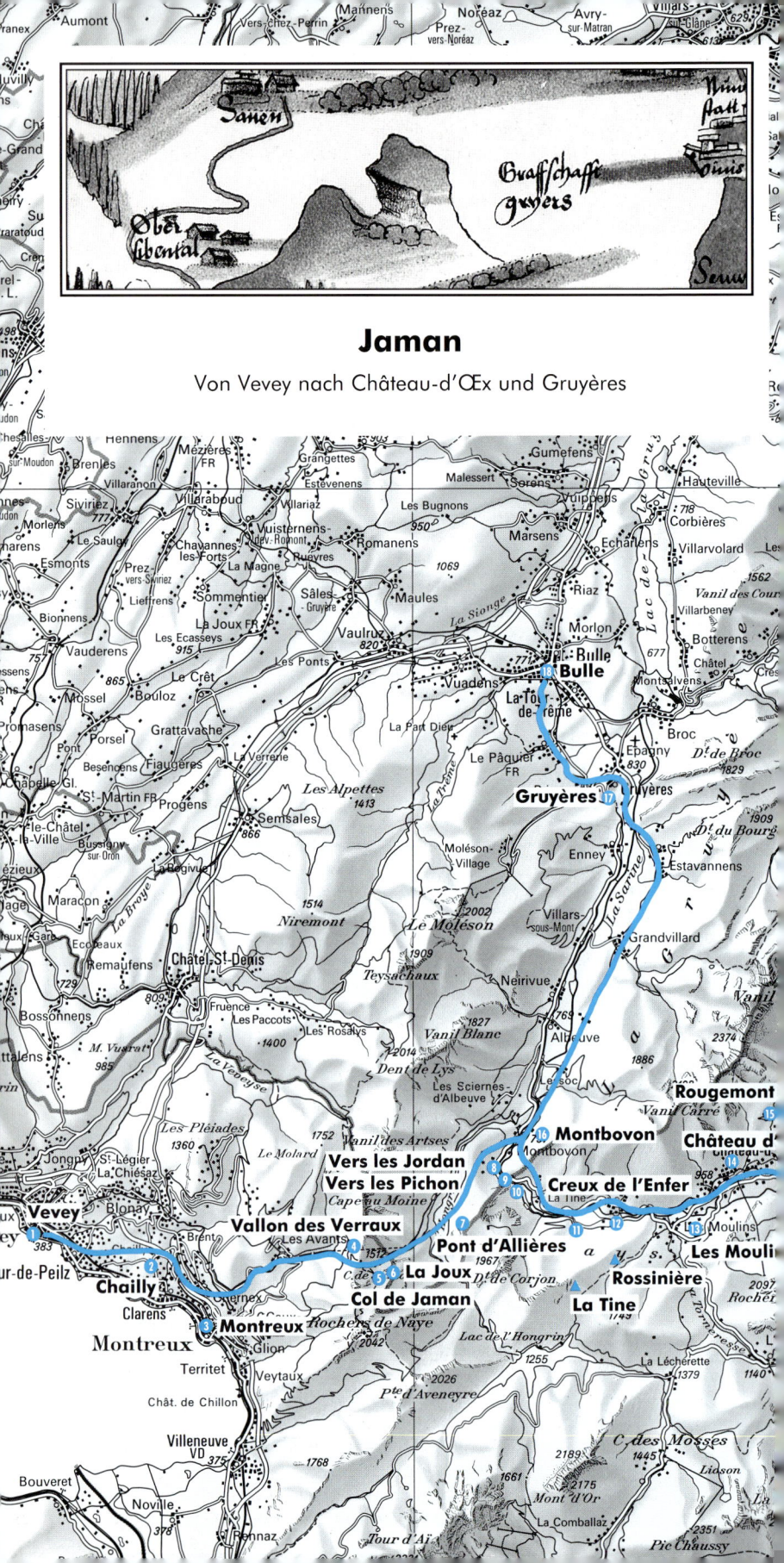

Jaman

Von Vevey nach Château-d'Œx und Gruyères

❶ ❷ Vevey
(386 m ü.M.)
🚉 021-921 48 25 / 922 20 20
Musée de la Confrérie des
Vignerons: 021-921 54 96;
Alimentarium: 021-924 41 11
Vevey–Chernex: 2 h, per Bahn: 15'

❸ ❹ Chernex
(600 m ü.M.)
🚉 021-921 48 25 / 922 20 20
(Vevey)
Chernex–Col de Jaman: 2 h 50'

❺ - ❼ Col de Jaman
(1512 m ü.M.)
🚉 029-8 12 68 (Montbovon)
Col de Jaman–Montbovon: 2 h 40'

❾ - ❿ Montbovon
(797 m ü.M.)
🚉 029-8 12 68
Château-d'Œx: Musée du Vieux
Pays-d'Enhaut 029-4 63 91;
Gruyères: Château 029-6 21 02;
Rougemont: Collection minéra-
logique 029-4 83 33.
Montbovon–Greyerz: 3 h 35'
Montbovon–Château-d'Œx: 3 h 45'

Rundgang: *Marktplatz* mit ehem. Kornhaus («Grenette»), ehem. Burgerspital (heute Polizeigebäude) an der Rue de Simplon, Kirche St-Martin.
Den Marktplatz verlässt man in östlicher Richtung und geht auf der Hauptstrasse, die nach *Chailly* und weiter zum Dörfchen Chernex führt. Aufgrund der asphaltierten Wegführung kann die Bahn über Montreux nach Chernex bestiegen werden (+100, +120, Bus +120.10).

Der Fussweg vom Bahnhof biegt südöstlich in einen Fahrweg ein und kreuzt die MOB (Montreux-Oberland-Bahn) beim Aufstieg dreimal. Ab dem Bois des Chenaux schreitet man, von wenigen Abschnitten abgesehen, auf der ehemaligen Hauptstrasse über Les Avants bis Jor, dem westlichen Portal des Jaman-Tunnels. Hier zweigt ein abkürzender, steiler Fussweg hinauf, der durch den Wald bis zur letzten Kehre vor dem Passplateau die Fahrstrasse umgeht. Die Mühe wird belohnt durch die herrliche *Sicht auf den Genfersee*.

Auf dem Abstieg ins Vallée de l'Hongrin umgibt den Wanderer wohltuende Ruhe. Nach der Passhöhe beeindruckt das rechterhand stehende steinerne alte Haus (*Chalet de Revon*). In einigen Kehren schlängelt sich der schöne Weg hinunter. Vor und nach der Alphütte La Joux sind bei einigen Kurven *Stützmauern* aus Trockenmauerwerk erhalten. Der Grenzübertritt vom Kanton Waadt in den freiburgischen ist rechts am Weg mit einer kleinen *Inschrift* von 1828 auf einem grossen Felsblock gekennzeichnet. Auf der Höhe von Les Cases sind im weiteren Hohlwege beidseitig der Strasse erkennbar. Nach dem Bahnhof, am östlichen Portal des Jaman-Tunnels, wechselt man auf den Weg, der östlich der MOB verläuft. Nach dem Weiler Allières steigt man hinunter, um über den Hongrin die andere Talseite zu erreichen. Beim *Pra du Pont*, an der engsten Stelle der Steilschlucht, überschreitet man die alte Steinbrücke von 1680, welche 1993 restauriert wurde. Auf dem weiteren Wegverlauf über Pt. 1008.0, durch erholsame Wälder, Weiden und vereinzelte Hohlwege, stösst man vor dem Pt. 960.3 auf eine in den Fels gehauene *Treppe*, welche den Lasttieren die Passage erleichterte. Wer bei der Wegkreuzung (Pt. 872) abzweigt, um auf dem breiteren, unteren Karrenweg nach *Montbovon* zu wandern, überquert nach Eintritt ins Wäldchen ein schönes, trockengeschichtetes Brücklein.

In *Montbovon* kann man sich entscheiden für die Route durch das obere Greyerzerland (mit den bekannten *Poya-Malereien*) nach Greyerz oder aber durch das waadtländische Oberland nach *Château-d'Œx* (je Anschluss an die öffentlichen Verkehrsmittel).
Variante A: Montbovon–Château-d'Œx
Um die südwestliche Hauptstrasse zu meiden wird östlich des Dorfes die Sarine gequert. Durch den Wald gelangt man über Petite Chia, Village Derrière und Village Devant zur *Brücke* bei La Tine. Man folgt dem Fahrweg, nimmt die nördliche Variante um den Lac du Vernex, und kommt nach *Rossinière* (*Tätschhäuser*). Weiterhin auf einem Fahrweg kreuzt man die Sarine beim Pt. 887 und geht entweder zwischen Flussufer und MOB hinauf nach *Château-d'Œx* oder wählt die Hauptstrasse über *Les Moulins* (*Tätschhäuser*).
Variante B: Montbovon–Greyerz (= Voralpenroute, Signet mit dem Auerhahn)
Von Montbovon hinunter zum Stausee führt ein Fussweg an dessen Ufer entlang in den Norden nach Lessoc. Durch das

malerische Dorf geht es weiter über La Comba, Le Bu, durch den Comb'Arimbourg nach Grandvillard (viele schützenswerte Bauten). Man biegt nach ca. 500 m in Richtung Estavannens links ab, folgt dem Waldrand, um später, nachdem die Hauptstrasse gekreuzt wurde, auf dem Fussweg ins Städtchen *Greyerz* aufzusteigen.

Landeskarten: 1:25000: Montreux 1264, Châtel-St-Denis 1244, Château-d'Œx 1245, Gruyères 1225, Les Mosses 1265.
Wanderkarte: 1:25000: Pays-d'Enhaut.
Wanderliteratur: Spuren, die ins Freie führen: Die Poya-Malerei im Kanton Freiburg, hsg. vom Milchwirtschaftlichen Museum Kiesen.

❶ ▶ Vevey

Auf dem Markt von Vevey, unmittelbar am See, verkauften die Käsehändler aus dem Greyerzerland und dem Pays-d'Enhaut seit dem Mittelalter den begehrten Käse. Im Bild die «Grenette» von 1808 (Kornhaus).
LK 1264

❷ ◀ Chailly

Umgeben von Weinbergen durchwandert man in herrlicher Lage das Dorf Chailly. Auf dem Rückweg ins Greyerzerland oder ins Pays-d'Enhaut transportierten die Säumer Wein, in geringerem Mass auch Edelkastanien.
LK 1264

❸ ▼ Montreux

Der Aufstieg von Vevey Richtung Chailly bietet einen herrlichen Ausblick auf das obere Ende des Lac Léman und das Rhonedelta. Fluss und See dienten schon zur Römerzeit als Handelswege. In der Bildmitte Montreux.
LK 1264

❹ ▲ Vallon des Verraux
Die Passstrasse zum Col de Jaman gilt heute als ausgesprochener Velopass. Die Südseite ist asphaltiert und kreuzt an zahlreichen Stellen den Wanderweg.
LK 1264, 563 880/145 550

❺ ▲ Col de Jaman
Der Blick nach Südwesten öffnet das Panorama gegen den Genfersee. Im Hintergrund erkennt man das Gebiet des Chablais (F).
LK 1264

❻ ◄ Col de Jaman
Der Weg führt am Chalet de Revon vorbei. Das Haus gehört heute der Gemeinde von Montreux. Der Pass bietet nach allen Richtungen prächtige Aussichten.
LK 1264, 564 580/144 500

❼ ► Col de Jaman
Der Wegabschnitt zwischen der Passhöhe und Les Cases entstand zwar erst im 20. Jh., gehört aber zu den schönsten Wegabschnitten auf der Route. Im Vordergrund ein typisches Stützmäuerchen, gleich unterhalb des Passes.
LK 1264, 564 880/144 450 bis 565 400/144 700

⑤ ▶ Col de Jaman

Im Norden, bereits jenseits der kontinentalen Wasserscheide, fliesst der Hongrin in einer wildromantischen, steilen Schlucht gegen die Sarine (Greyerzerland).

LK 1264

⑥ ◀ La Joux

Kurz nach La Joux trifft man auf den Grenzstein zwischen dem Waadtland und dem Kanton Freiburg. Die Markierung von 1828 wurde auf einem Felsblock eingemeisselt.

LK 1264, 565 440/144 780

⑦ ▼ Pont d'Allières

Die alte Brücke verbindet die beiden Ufer am engsten Punkt der Steilschlucht des Hongrin. Die Brücke wurde im Sommer/Herbst 1993 restauriert, womit der historische Weg wieder durchgängig begehbar ist.

LK 1245, 567 700/147 260

Der Saumpfad über den Col de Jaman

Die Schweizer Chronik des Johannes Stumpf von 1548 zeigt die älteste Darstellung einer Käserei

In seiner Ausgabe von 1909 berichtet der Baedeker, die Strecke sei so leicht, dass es sich erübrige, einen Führer zu engagieren; er fasst auch gleich den ganzen Reiz dieses Alpenübergangs von geringer Höhe (1512 m ü.M.) zusammen, «von dem aus man eine herrliche Aussicht auf den Genfersee und die Savoyer und Walliser Berge hat».

Weniger empfänglich für die Schönheit des Ortes als die ausländischen Touristen, unter ihnen Mendelssohn, dürften um die Mitte des 19. Jahrhunderts die Postboten von Château-d'Œx und von Vevey gewesen sein, die auf der Passhöhe ihre Satteltaschen tauschten. Mehr als einmal, heisst es, seien sie von Bären angegriffen worden ...

Merkwürdigerweise ist vom alten Saumpfad nur wenig erhalten geblieben, und dies vorwiegend auf der Nordseite. Zwischen Montbovon und Allières ist die ursprüngliche Anlage noch gut erhalten (schöne, in den Felsen gehauene Stufenflucht, prächtiger Pfad, teilweise als Hohl- und Waldweg, gepflästert oder über nackten Fels, alte Steinbrücke aus dem 16. bis 19. Jahrhundert über eine wilde Schlucht). Von Allières nach Les Cases führt ein wunderschönes Wegstück über Alpweiden bis zum Tunnel der MOB. Von da bis zur Passhöhe umgibt den Wanderer nur noch Ruhe und die Schönheit einer unberührten Natur. Nach dem Grenzstein zwischen den Kantonen Freiburg und Waadt geht es weiter auf einem guten, neueren Fahrweg (20. Jh.), der sich in Serpentinen durch einen grünen Bergeinschnitt windet; hier liegt wohl der Schlüssel des Zaubers, den der Jaman auf seine Besucher ausübt.

Der «Laitier von Lauterbrunnen» (Sonntagstracht) trägt den Käse auf dem Räf zu Tal, kolorierter Kupferstich aus der ersten Hälfte des 19. Jh.

Die ältesten schriftlichen Zeugnisse der Passüberquerung stammen aus den Burgunderkriegen (1476), als die Freiburger und Greyerzer Truppen über den Jaman zogen, um die Savoyer bis nach Vevey zurückzudrängen. Der Übergang ist aber bestimmt schon vor dem 15. Jahrhundert bekannt gewesen und benutzt worden.

Obwohl der Pass leicht zugänglich ist, besonders von der Freiburger Seite her, beschrieb ihn der Geograph Mercator im 16. Jahrhundert als «der schröckliche ... Abgrund von Mustruz (Montreux) ...». Im 18. Jahrhundert, vermutlich aber schon vorher, spielte er eine gewichtige Rolle in Handel und Ausfuhr der Käse aus Greyerz und Charmey. Während die grosse Mehrheit von Lebensmitteln auf dem Weg über Bulle, Châtel-Saint-Denis und Corsier nach Vevey gelangte, wurde auch eine nicht unerhebliche Warenmenge über den Pass befördert, wie aus einem Dokument von 1753 hervorgeht: «An Käsen der Freiburger Händler nach Frankreich macht man, wie der Marktrodel von Vevey beweist, im Jahr durchschnittlich 6000 Fässer, von denen tausend für Käse auszusondern sind, die über die Route des Pays-d'Enhaut kommen, der Rest über diejenige von Corsier ...»

Der Pont d'Allières auf einer Lithographie von Drulin

Bis etwa 1880 wurde der Pass eifrig frequentiert, aber gegen Ende des letzten Jahrhunderts kam er immer mehr ausser Gebrauch, und die Eisenbahnlinie der MOB mit der Eröffnung des Tunnels 1903 versetzte ihm den Todesstoss.

Jean-Pierre Dewarrat, Laurence Margairaz

Genfersee-Barke mit Reit- und Packpferden bei Villeneuve

❽ ▲ Vers les Jordan
Vor und nach den Steintreppen finden sich weitere interessante Wegelemente des Saumpfades, z.B. Steilpflästerungen und Hohlwegabschnitte.
LK 1245

❽ ▲ Vers les Jordan
Östlich von Punkt 960.3 stösst man auf eine in den Felsen geschlagene Treppenpartie. Die Tritthilfen erleichterten in diesem unwegsamen Gelände die Passage für Mensch und Saumtier.
LK 1245, 568 800/148 220

❾ ▲ Vers les Pichon
In den Bezirken Gruyère, Glâne, Sarine und Veveyse entwickelte sich in den letzten 150 Jahren die bäuerliche «Poya-Malerei». Die Poyas stellen grossformatig einen Alpaufzug dar und schmücken oft den Eingang zur Scheune.
LK 1245

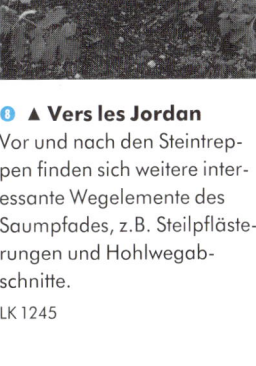

❿ ◀ Creux de l'Enfer
Beim Creux de l'Enfer (Teufelsgrube) hat sich die Sarine im Mont Derrière einen engen Durchgang gegraben. Am Ostausgang der Schlucht beginnt das Pays-d'Enhaut (VD).
LK 1245, 569 300/147 100

⑪ ▲ La Tine

Die Brücke bei La Tine verbindet Village Devant mit der Station der MOB. Die landschaftlich sehr reizvolle Linienführung der Bahn folgt auf weiten Strecken der Route über den Jaman, untergräbt den Pass aber zwischen Les Cases und Jor.

LK 1245, 570150/146150

⑫ ◄ Rossinière

Ein Käsehändler liess 1754 das fünfstöckige Chalet erbauen. In seinem Keller soll es Platz für 600 Laib Käse geboten haben. Das Haus ist heute im Besitz des Künstlers Balthus.

LK 1245, 572800/146100

⑬ ▲ Les Moulins
Im Dorf befindet sich ein beachtliches Ensemble von Chalets mit breiter Dachausladung aus dem 18. und 19. Jh.
LK 1265

⑭ ▲ Château-d'Œx
Der alte Weg wechselt über den Pont de Pierre bei Les Moulins von der schattigen Südflanke der Sarine auf die Sonnenseite. Anstelle einer Burg der Grafen von Greyerz erbaute man im Spätmittelalter die Kirchenanlage.
LK 1245, 576 250/146 880

⑮ ◄ Rougemont
Ein Ausflug ins beachtliche Strassendorf von Rougemont führt zum ehemaligen Cluniazenserpriorat von St-Nicolas. Hier dürfte im Mittelalter manch erschöpfter Reisende aufgenommen worden sein.
LK 1245

⑮ ► Rougemont
Ein altes Wirtshausschild wirbt im Stil der Zeit um Gäste.
LK 1245

⑯ ▲ Montbovon
Oberhalb von Montbovon wird der Saumpfad von der neuen Asphaltstrasse geschnitten und steigt anschliessend mitten durch die Weiden gegen das Dorf hinunter.
LK 1245

⑯ ▶ Montbovon
Am Nordostfuss des Col de Jaman liegt an der Sarine Montbovon. Hier zweigt der Weg flussaufwärts ins Pays-d'Enhaut, flussabwärts ins Greyerzerland ab. Die Hauptstrasse liegt quer zur alten Passroute (siehe Häuserzeile linke Bildhälfte).
LK 1245

⑰ ▲ Gruyères
Die Route von Montbovon nach Norden führt nach Gruyères. Vor der eindrucksvollen Kulisse der Freiburger Voralpen liegt das befestigte Städtchen auf einem Hügel.
LK 1225

⑰ ▶ Gruyères
Die breite Marktgasse wird von zwei intakten Häuserzeilen gesäumt.
LK 1225

⑰ ▶ **Gruyères**
In der Nähe des alten Salzhauses im Zentrum des Städtchens sind die steinernen Getreidemasse erhalten geblieben.
LK 1225

⑱ ▲ ▶ ▶ **Bulle**
Prächtige Reihe von Kuhglocken unter dem Vordach eines Bauernhofes. An manchen Scheunen zwischen Gruyères und Bulle trifft man wiederum auf die kunstvollen «Poyas».
LK 1255

39

Gries

Von Domodossola nach Obergestein

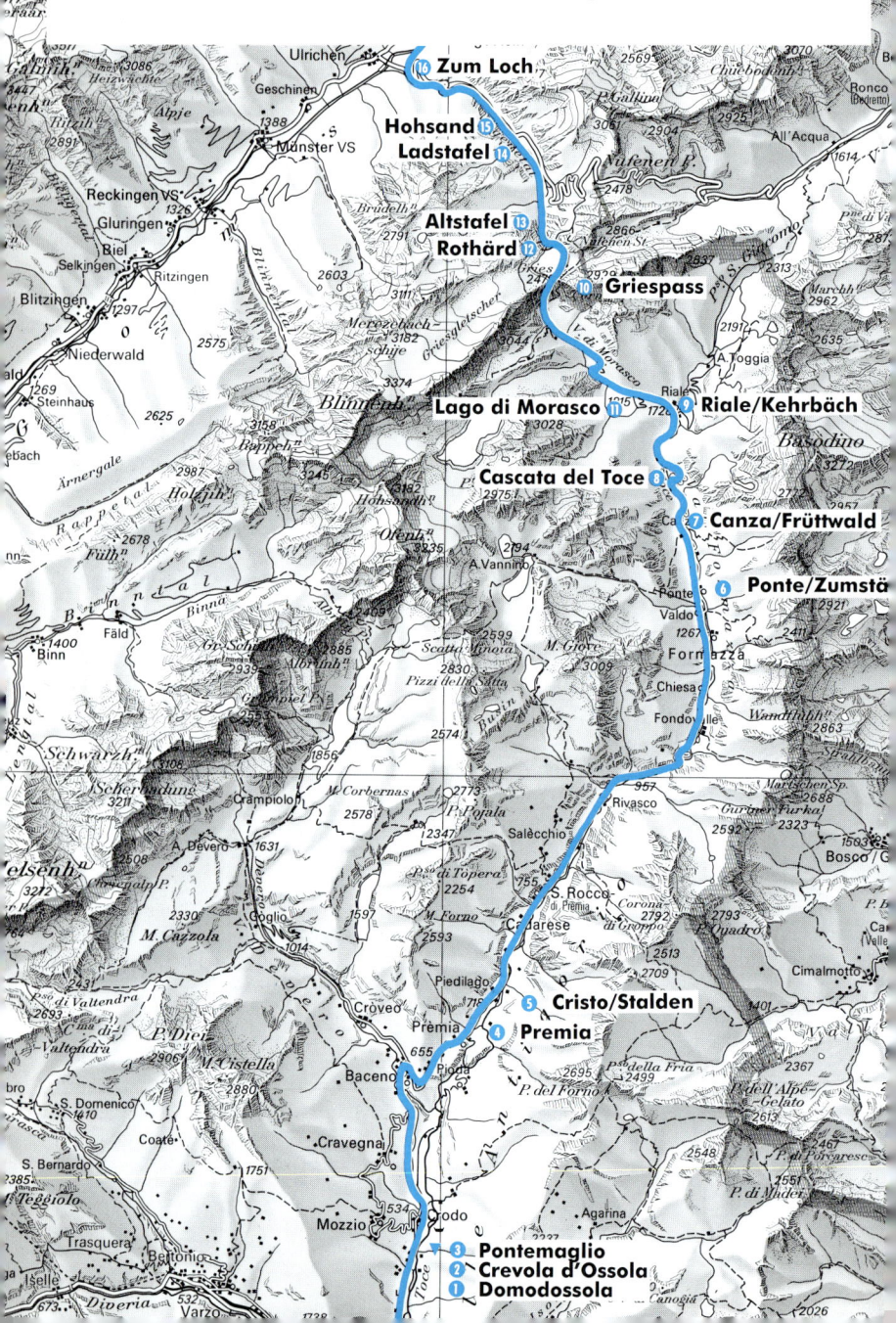

- 16 Zum Loch
- 15 Hohsand
- 14 Ladstafel
- 13 Altstafel
- 12 Rothärd
- 10 Griespass
- 11 Lago di Morasco
- 9 Riale/Kehrbäch
- 8 Cascata del Toce
- 7 Canza/Früttwald
- 6 Ponte/Zumstä
- 5 Cristo/Stalden
- 4 Premia
- 3 Pontemaglio
- 2 Crevola d'Ossola
- 1 Domodossola

❶ - ❽ Domodossola
(272 m ü.M.)

Rundgang: *Marktplatz,* Motta-Quartier, Piazza Fontana, Palazzo Silva, Toretta, Pfarrkirche.

In Domodossola trennten sich zwei Passrouten, die eine zum Simplon hin, die andere über den Gries- respektive San Giacomopass. Noch heute gibt es (siehe Angabe über die italienische Wanderkarte) von Domodossola durch das Antigoriotal *(Crevola d'Ossola, Pontemaglio, Crodo, Premia, Cristo,* Fondovalle) und das bezaubernde Hochalpental Formazza *(Ponte, Canza, Cascata del Tocce)* Wanderwege bis nach Riale (45 km). Bis nach Ponte/Zumstäg existiert eine Busverbindung.

❾ ❿ Riale
(1728 m ü.M.)
Riale–Griespass: 3 h 20′

Im Raum *Riale* kann in der Rif. CAI «Maria Louisa» auf 2155 m übernachtet werden. Die Alphütte befindet sich auf dem Aufstieg zum San-Giacomo-Pass (Koord. 675 550/143 050).
Von Riale führt eine Fahrstrasse durch das Valle di Morasco, dem langen *Stausee* entlang, und geht nach der zweiten Seilbahn-Talstation im Nordwesten über in einen Fussweg. Nun steigt man in Kehren die Steilstufe hinauf bis zum obersten Talboden des Pomats, der Bättelmatt. In Zickzackkurven führt der Pfad weiter bergauf durch steile Grashänge, wo noch Schafe geweidet werden, bis auf das steinige Plateau des heute unvergletscherten *Griespasses.* Hier oben überschreitet man die «grüne Grenze» mit einem beeindruckenden Panorama.

⑩ ⑫ - ⑮ Griespass
(2479 m ü.M.)
Griespass–Obergesteln: 2 h 40′

Auf einem Fussweg wandert man dem Griessee entlang, der am nördlichen Ende des Stausees in eine Werkstrasse überführt. Hier besteht die Möglichkeit, auf der Werkstrasse die Postautohaltestelle der Nufenenstrecke (Richtung Airolo oder Ulrichen) zu erreichen (25′).
Für den Abstieg folgt man nicht der Werkstrasse in nördlicher Richtung, sondern biegt bei der Verzweigung links auf die untere Zufahrtsstrasse ab, die zur Staumauer führt. Alsbald nimmt man den Pfad rechts hinunter und wandert durch die eigentümliche, vom Gletscher gezeichnete Felslandschaft *Rothärd* zu. Dabei schreitet man stellenweise über gepflästerte Partien (breites Flach- und feines Steilpflaster). Vereinzelt trifft man auch auf steinerne Querabschläge. Der im obersten Teil schlecht erhaltene Fussweg führt über Stocke und dann über die Runse der Stocklamme (als Wanderweg ausgeschildert) zur *Altstafel,* hinunter bis auf die Passstrasse.
Zwischen den Kehren des ausgewiesenen Wanderweges ist die *alte Anlage* am unteren Stocke aus schönem Flach- und Steilpflaster und den Randsteinen von oben her gut zu erkennen. Die Passstrasse wird überquert. Man folgt dem absteigenden, abkürzenden Pfad, der die Bergstrasse nochmals kreuzt und gelangt durch die mit Wasserläufen durchsetzte Landschaft hinunter zur alten Steinbrücke aus dem Jahre 1761 bei *Ladstafel.* Der Fussweg führt westlich der Ägene weiter, vorbei am Rekkinger Stafel (Alp), wo vereinzelt Steilpflästerungen sichtbar sind. Man schneidet beim Pt. 1759 erneut die Fahrstrasse und geht dem östlichen Flussufer entlang. Unterhalb Aarenäst muss bis zur Abzweigung über den Chietalbach die Passstrasse mit zwei Abkürzungen benützt werden.

⑯ Obergesteln
(1355 m ü.M.)
☎ 028-73 27 00

Auf dem Weg weiter talabwärts, nachdem die Ägene wieder überschritten wurde, trifft man beim Einmündungspunkt des Pfades auf die Hauptstrasse beim Weiler zum Loch den *Schiner-Stein* von 1514. Das letzte Wegstück des Griessaumweges führt dem schützenden Hang entlang nach Obergesteln.

Landeskarten: 1:25 000: Basódino 1271, Binntal 1270, Ulrichen 1250.
Wanderkarte: 1:50 000: Domodóssola 89, Kompass Carta turistica (ISBN 3-87051-096-X).

❶ ▶ Domodossola
Domodossola ist sowohl für die Route über den Simplon als auch über den Griespass ein guter Ausgangsort. Hier nahmen die Saumtierkolonnen ihren Anfang und wechselten Waren aus Nord und Süd ihre Besitzer.
LK 285

❷ ◀ Crevola d'Ossola
Über die Napoleonbrücke erreicht man Crevola d'Ossola. Die Kirchenfenster von Santi Pietro e Paolo sollen im 16. Jh. aus der Eidgenossenschaft über den Griespass transportiert worden sein.
LK 275

❸ ▼ Pontemaglio
Die alte Brücke von Pontemaglio ermöglicht seit römischer Zeit das Überschreiten der Tosa. Im Hintergrund die alte Felsengalerie, welche die steile Felsnase umgeht (heute durch einen Tunnel ersetzt).
LK 275, 668350/114750

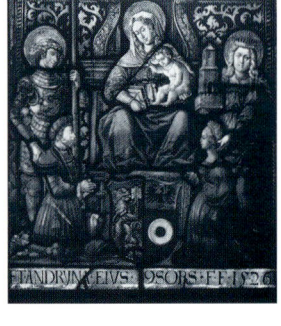

④ ▲ Pioda
Das ehemalige Hospiz von San Bernardo ist das älteste im Alpenraum und wurde kürzlich restauriert. Talwärts sind die Ruinen der ehemaligen Sust erkennbar.
LK 1290, 668 860/123 750

❺ ▼ Cristo/Stalden
Der Befestigungsturm von Cristo stammt aus dem 15. Jh. und diente der Bewachung und Sicherung der Strasse.
LK 1290, 670 650/125 730

Von den Walsern ins Wallis

«Der weisse Tod», Holzschnitt von J. Stumpf, 1548

Mann und Pferd mit Schneereifen ausgerüstet im verschneiten Gebirge

Schlitteneinsatz auf eisiger Piste. Geschärfte Beschläge beim Pferd und Harsteisen beim Mann

Bewaffnete Skifahrer im winterlichen Gebirge

Dämonen im Gebirge

Der Griespass führt von Domodossola durch das Valle Antigorio über den südlichen Hauptkamm der Alpen ins Äginental nach dem Weiler Zum Loch bei Ulrichen/Obergesteln im Goms. Von dort ergab sich eine günstige Verbindung über die Grimsel (2165 m) und über den Brünig in die Innerschweiz. Bis nach 1860 war der Griespass vergletschert, man beging ihn jedoch im Sommer wie auch im Winter. Vermutlich wurde er schon seit der Bronzezeit benutzt. Im frühen 13. Jahrhundert siedelten sich im Pomat (Val Formazza), der obersten Talstufe des Eschentales, deutschsprachige Einwanderer aus dem Wallis an, die Walser. Sie verfügten über eine grosse Eigenständigkeit gegenüber der Herrschaft in Domodossola. Nach den Talstatuten von 1487, die bis 1837 gültig blieben, versammelte sich jeweils am ersten Maisonntag in Zumstäg die Landsgemeinde und wählte Talammann, Talvogt und die Talräte. Die nach und nach verstärkte Einbindung in den italienischen Staat leitete das Schwinden der deutschen Sprache ein. Mit dem Anwachsen des Handelsverkehrs im 13./14. Jahrhundert wurde auch die Verbindung Gries-Grimsel-Bern benutzt. Ein Vertrag vom 12. August 1397 regelte den Bau eines Weges über Gries und Grimsel – ein seltenes Dokument im Alpenraum! Darin verpflichteten sich Bern, Thun, Unterseen, das Kloster Interlaken, das Oberhasli, die Gommergemeinden oberhalb Deisch und die Leute vom Pomat und vom Eschental, den Kaufleuten aus der Lombardei eine «Strasse» durch das Gebiet der Vertragspartner anzulegen. Bern übernahm den Wegbau bis zum Spital auf der Grimsel, die Kirchgemeinde Münster von dort bis zum Griespass, das südliche Stück bauten die Pomater und Eschentaler. Damit war neben dem Gotthard ein neuer transalpiner Handelsweg entstanden. Die Eidgenossen wurden in der Folge politisch sehr aktiv: 1403 wurde die Leventina Gemeine Herrschaft der Innerschweizer, 1410 kam Ursern zu Uri, und 1411 wurden das Maggiatal und das Eschental Gemeine Herrschaften. Als Folge eidgenössischer Uneinigkeiten gingen die ennetbirgischen Besitzungen 1422 an Mailand verloren, das Tessin nur vorübergehend, das Eschental definitiv. Damit wurde der Griesweg als nationale Handelsroute, nur 25 Jahre nach dem Baubeschluss von 1397, auf der Südseite amputiert. Trotz der politischen Veränderungen wurde der Pass in der Folge für den regionalen Handel benutzt. Einheimische und fremde Händler reisten mit ihren Waren und Tieren selber von Domodossola bis Meiringen – bei dieser «Strackfuhr» musste ein Weggeld an den Zollstellen in Crodo, Zum Loch (Goms) und Ägerstein (unterhalb Guttannen) bezahlt werden. Weitere Susten, die bei der «Rodsäumerei» benutzt wurden, befanden sich in Zumstäg/Ponte, beim Grimselhospiz und in Guttannen. Richtung Süden wurde vor allem Vieh und der berühmte «Sbrinz» exportiert. In umgekehrter Richtung gelangten Wein, Reis, Salz, Gewürze und Leder bis ins Berner Oberland und in die Innerschweiz. Die Säumerei hielt sich rege bis ins 19. Jahrhundert, als der Griespass allmählich seinen Verkehr an die Simplonstrasse (1805), die Furka (1868) und schliesslich an die Gotthardbahn (1882) verlor. Die Errichtung der Fahrstrassen im Pomat und durch das Äginental über den Nufenen sowie der Einstau der Griesgletschermulde durch die Maggia-Kraftwerke haben zur Zerstörung grosser Teile des alten Weges geführt.

Klaus Aerni

❻ ▶ Ponte/Zumstäg

In Zumstäg hatte bis 1837 die weitgehend selbständige Walsergemeinde ihren Sitz. In der «Casa forte» (1569) tagten einst Talammann, Talvogt und Talräte als selbstgewählte Obrigkeit.

LK 1271, 675870/136900

❼ ▲ Canza/Früttwald

Haus der Säumerfamilie Anderlini, welche die beiden Pässe Gries und Giacomo bis 1910 bediente. Neben der Landwirtschaft brachte der Saumverkehr über die beiden Pässe zusätzlichen Verdienst.

LK 1271, 675 470/138 370

❼ ◀ Canza/Früttwald

Oberhalb des Dorfes wurde die Pflästerung des alten Saumweges wieder freigelegt. Er ist neben der Talstrasse und weiter oben bis zum Pass hinauf an mehreren Stellen erkennbar.

LK 1271, 675 430/139 130

❽ ▶ Cascata del Toce

Zur Sommerzeit strömt rauschendes Wasser aus den Stauseen über die rundgeschliffene Steilwand. Das Ereignis zieht Hunderte von Erholungssuchenden an. Das Hotel (rechts) machte Eigentumswohnungen Platz.

LK 1271, 674 900/140 140

❾ ▶ Riale/Kehrbäch
Wenige hundert Meter vor Riale drängen sich einige Steinhäuser auf einer kleinen Anhöhe eng aneinander. 1273/74 wanderten zwei Brüder von Riale aus nach Rheinwald (GR) und begründeten die dortige Walserkolonie.
LK 1271

❾ ▲ Riale/Kehrbäch
In der Walsersiedlung Riale trennt sich der Saumpfad Richtung Giacomo–Tessin (Val Bedretto) vom Griespass, der ins Wallis führt. Im Hintergrund das Valle di Morasco und die Staumauer des Lago di Morasco (1815 m).
LK 1271

❿ ▲ Griespass
Unterhalb der Passhöhe kommt die Pflästerung des Saumpfades wieder zum Vorschein. An vielen Stellen wurde sie durch den Bau der Staumauern arg in Mitleidenschaft gezogen.
LK 1270

▶ Lago di Morasco

Der Aufstieg zum Griespass bietet einen wunderbaren, hochalpinen Ausblick. In der Bildmitte der Lago di Morasco.

LK 1271

▼ Griespass

Von der Zunge des Griesgletschers stürzen gelegentlich Eisblöcke mit grossem Getöse in den künstlich gestauten Griessee (2386 m). Im Hintergrund das Bättelmatthorn (Pta dei Camosci, 3043 m)

LK 1270

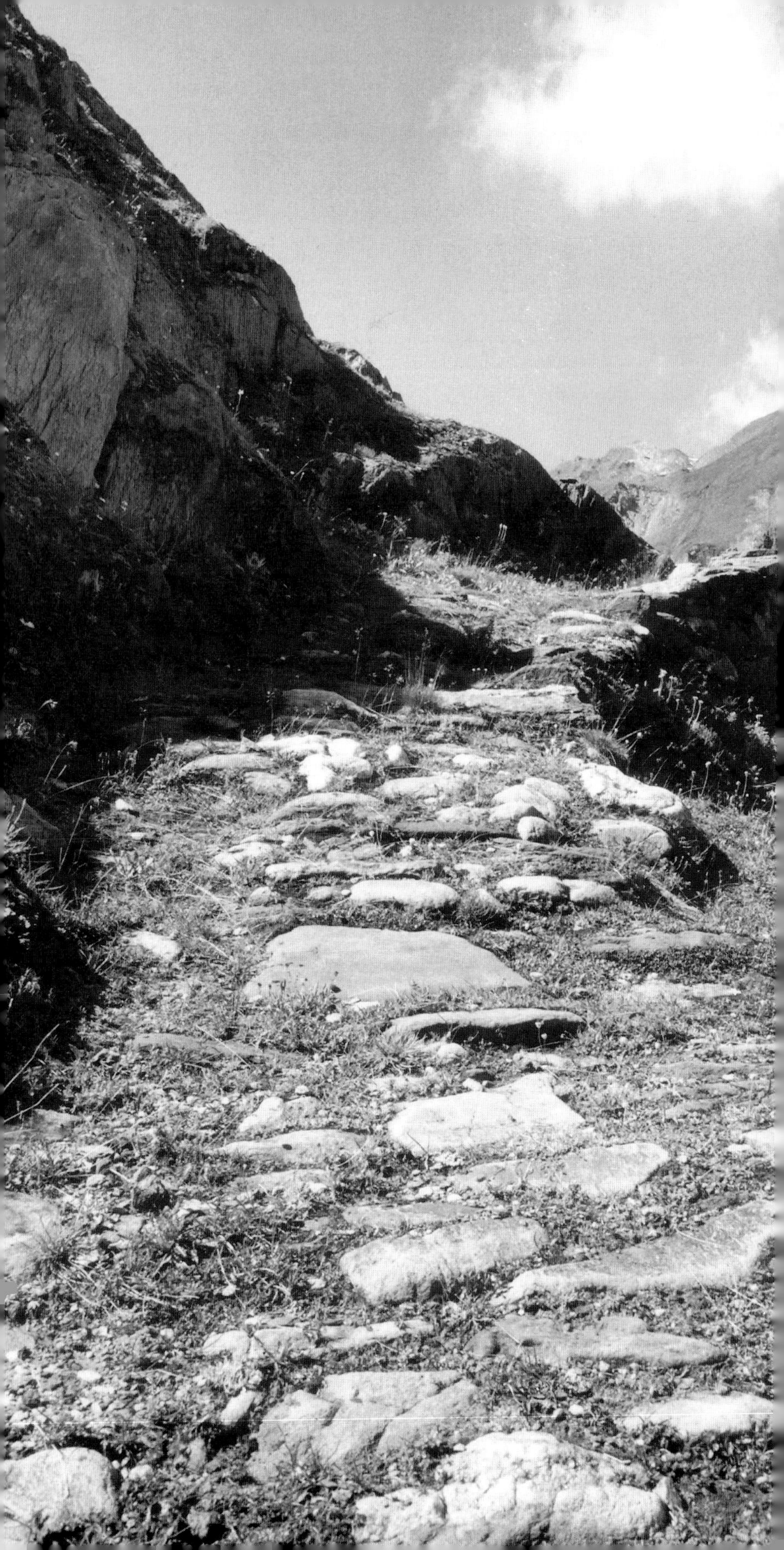

⑫ ◄ ▼ **Rothärd**
Talwärts führt der Fussweg über gepflästerte Partien, die entweder als breites Flach- oder als feines Steilpflaster erhalten sind. Immer noch trifft man auf steinerne Querabschläge, welche das Wasser ableiten.

LK 1250, 671 680/146 240
671 750/146 380

⑬ ▲ **Altstafel**
In der Schlaufe des Wanderweges erkennt man beim Abstieg den Saumpfad. Auf 1,8–2 m Breite wurden bis zu mehr als 2 m² grosse Platten eingesetzt. Flach- oder Steilpflaster füllen die Zwischenräume, Randsteine sichern den Weg.
LK 1250, 671900/147170

⑭ ▶ **Ladstafel**
Die prächtige Steinbrücke stammt der in den Fels gehauenen Jahrzahl zufolge von 1761. Das Mauerwerk und der Stützpfeiler sind mit Mörtel verstärkt, der Rest wurde als Trockenmauerwerk erstellt.
LK 1250, 671380/147770

⑮ ◀ ▼ **Hohsand**
Zwischen Laddstafel und Hohsand verläuft der Saumpfad auf der Westflanke des Tales. In Steigungen wählte man oft die Steilpflastertechnik, damit die Hufe auf den Platten nicht abrutschten.
LK 1250, 670650/148650

⑱ ◄ Zum Loch

«Schiner-Stein». Am alten Weg, unweit der Neuanlage von 1955, ist die Jahreszahl 1514 mit einem geistlichen Zeichen eingemeisselt. Sie soll von Kardinal Schiner stammen, der in jenem Jahr über den Gries zum Papst nach Rom zog.

LK 1250, 667 570/150 630

⑲ ◄ Zum Loch

Im Loch durchschritten die Säumer die Zollstation. Der Weg führt an der Kapelle St. Anna vorbei. In ihrem Innern befindet sich ein Votiv-Bild von 1664, gestiftet von Handelsleuten aus dem Pomat, die den Griespass überquerten.

LK 1250, 667 500/150 700

Grimsel

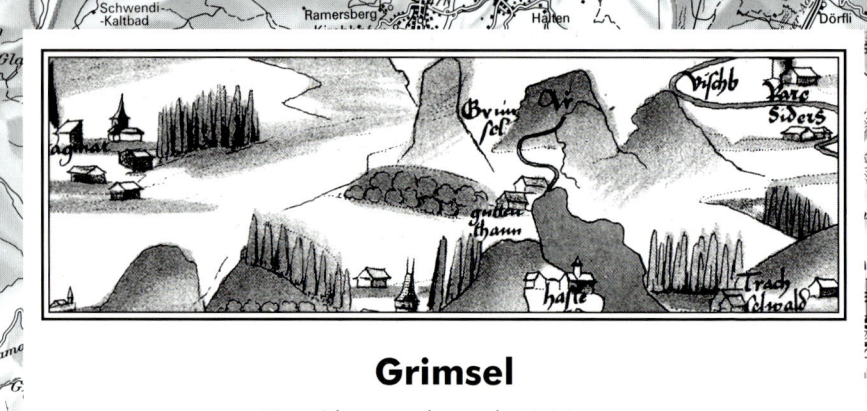

Von Obergestelln nach Meiringen

❶ Obergesteln

(1355 m ü.M.)

☎ 028-73 27 00
Obergesteln–Grimsel Hospiz:
3 h 45'

Rundgang: Obergesteln ist im Gegensatz zu den Gommer Holzsiedlungen fast ganz in Stein gebaut. Das ungewöhnliche Dorfbild ist charakterisiert durch typisierte Reihenhäuser und zeilenförmige Nutzbauten. Es entstand nach dem Brand von 1868. Nördlich der Kirche wird Obergesteln durch die Ebene verlassen. Der Weg ist durch schöne Mauern begrenzt. Der Anstieg nach Unnerbrunnji liegt noch im Bereich der Waldzone. Gegen Nassbode wird die Vegetation immer karger, dafür werden die noch erhaltenen *gepflästerten Wegabschnitte* häufiger. Je mehr man sich der Passhöhe nähert, umso ausdrucksvoller wird die typische Gletscherlandschaft der Grimsel, mit ihren imposanten *eisgeschliffenen Felsformen* und ausgeprägten Pflästerpartien. Besonders bemerkenswert sind diese in der Umgebung der kleinen Seelein, wo sich ein Verweilen in der noch ruhigen Landschaft lohnt, denn krass ist der Gegensatz auf der gegenüberliegenden Seite des *Totensees,* wo die Hektik der meisten Passhöhen spürbar wird. Westlich der Passhöhe befindet sich der Saumpfad, der im Zickzack hinunterführt, dabei die Passstrasse zweimal kreuzt und in deren letzten Kehre in diese einmündet. Bis zum *Hospiz* schreitet man auf der Fahrstrasse.

❷ - ❾ Grimsel Hospiz

(1980 m ü.M.)

☎ 036-71 43 38 (Innertkirchen)
Grimsel Hospiz–Guttannen: 3 h 40'
Übernachtungsmöglichkeiten im Hospiz

Vom *Hospiz* geht man die Passstrasse bis zur ersten Linksabbiegung hinunter. Nach dem Überqueren des Baches erreicht man den Wanderweg, der sich oberhalb des *Räterichsbodensee* als Felsweg entlangzieht.

Beim weiteren Abstieg kreuzt man erst das grosse Bögli (*Brücke mit Trittrillen,* die eine durch die Kraftwerke Oberhasli bewerkstelligte Nachbildung ist, nachdem eine Lawine das jahrhundertealte Werk 1968 zerschlagen hatte). Danach wandert man zum Teil über *grossplattige Pflästerungen*. Die vorhandenen Stützmauern dürften eher jüngeren Datums sein. Im Mittelteil sind wiederum *Trittrillen* auf anstehenden Platten zu bemerken. Man quert die Aare ein zweites Mal, dieses Mal über das *kleine Bögli*. In abgeschiedener Landschaft wandert man der steil abfallenden, kahlen Hälenplatte zu. Nach kurzem Abstieg, in wilder Umgebung aus Urgesteinblöcken, passiert man den *Säumerstein* (Pt. 1438), ein Riesenblock von ca. fünfzig Kubikmetern. Nach einigen hundert Metern im Geröll gelangt man zur *Handegg* (ehemalige Raststätte). Nach dem Ärlenbach führt der Pfad in kleinen Kehren durch den Wald, wobei der Saumweg durch den Strassenbau teilweise zerstört wurde. Umso bezaubernder ist der *treppenartige Wegabschnitt* nach dem ersten Überqueren der Fahrstrasse. Bei der Stäibenden umging man einst kühn den exponierten Felsvorsprung, heute liegt das Trassee oberhalb des ausgeschilderten Wanderweges. Auch in der Umgebung der Schwarzbrunnenbrigg ist der Saumpfad grösstenteils durch den Strassenbau zerstört worden, der Wanderweg verläuft auf einer angelegten Ersatzlinie. Beidseitig der Brücke auf der Nordseite und direkt anschliessend sind jedoch noch alte Widerlager aus grobem Bachgeröll zu erkennen, die auf eine 2–3m breite Saumwegbrücke schliessen lassen. Der weitere Wegverlauf nach Guttannen liegt im Hörbereich der Passstrasse.

❿ - ⓫ Guttannen

(1057 m ü. M.)

☎ 036-71 43 38 (Innertkirchen)
Kristallmuseum Guttannen:
036-73 12 47
Guttannen–Meiringen: 3 h 30'
Übernachtungsmöglichkeiten in Guttannen

Das anmutige Dorf, auf gut 1000 m Höhe gelegen, war die letzte ganzjährig bewohnte Siedlung. Hier gab es auch eine Sust. Der Wanderweg führt östlich der Aare entlang auf einem jüngeren Saumweg über Blindlaui und Flesch nach Boden. Somit umgeht man jedoch *Ägerstein,* das am Saumweg über den Graben der gefährlichen Spreitlaui, auf der andern Seite des Flusses, lag. Ägerstein war bis ins 18. Jahrhundert Zollstation (bevor diese auf das Hospiz verlegt wurde) und das heutige Wohnhaus entspricht dem einstigen Gasthof von 1820. Der ehemalige Saumpfad führte direkt vor dem Haus durch und ist, wenn auch zum Teil stark eingewachsen, deutlich zu erkennen. In Boden steigt man über die Weid durch erholsames Gebiet hinauf zur gesprengten Fluh *(Stocki)* mit der *Inschrift* von 1774. Dieser Weg wurde nach einem verheerenden Hochwasser um 1770 durch eine Sprengung des Felsens erstellt.

Von der Sprengfluh wandert man jenseitig hinunter zur *Inneren Urweid,* wo der Saumweg an einem ehemaligen Gasthof vorbeiführte. Nach einem kurzen Stück auf der Passstrasse geht man gut 100 Meter vor dem Tunnel rechts hinauf, über den «Zuben» auf die Höhe von *Älauenen* und steigt zur Üsseren Urweid (Saumweg mit viel Bausubstanz) wieder ab. Das nächste Teilstück Schonhubel ist mehrheitlich modern geprägt. Der weitere Wegverlauf führt östlich der Passstrasse, am grossen Felsblock Achistein vorüber, nach *Innertkirchen* (ehemalige Stallungen des Gasthauses Hof). Bei Hof wird die Aare überschritten und entlang des Ufers gewandert. (Der Saumweg ist nur noch teilweise erhalten. Wer deshalb die Strecke in der Fahrstrassennähe meiden möchte, geht durch die *Aareschlucht.)*

Beim dreimaligen Übergehen der Hauptstrassenkehren sind wegtechnische Details (neuere Kalkquader, Pflästerungen mit roten Rundlingen, hölzerne Querabschläge) zu beachten. Nach einem kurzen Stück auf der Autostrasse schwenkt man ab, geht durch den Lammiwald und trifft im letzten Abschnitt des Saumpfades Gletscherstrudelformen im Kalk und etwas weiter unten die eingemeisselte *Jahreszahl von 1537.* Über die Brücke von Sand kommt man nach Meiringen.

⓱ **Meiringen**
(595 m ü.M.)
☎ 036-71 43 22
Museum der Landschaft Hasli:
036-71 20 58

Meiringen war das wirtschaftliche Zentrum der Landschaft Hasli. Ausgangs- und Endpunkt des Saumverkehrs war das Landhaus und die Sust, die beim Dorfbrand 1891 zerstört wurden. In Meiringen verzweigten sich die Wege. Zum einen zog man über den Brünig in die Innerschweiz und damit dem Norden zu (Luzern, Basel, Deutsche Lande), zum andern über Thun (auf Wasserwegen), Bern und gar weiter nach Frankreich.

Landeskarten: 1:25 000: Ulrichen 1250, Guttannen 1230, Innertkirchen 1210.
Wanderkarten: 1:50 000: Sustenpass 255 T, Nufenenpass 265 T. 1:60 000: Jungfrau-Region/Oberhasli.
Wanderliteratur: Brienzersee–Oberhasli, Kümmerly + Frey (3068). Passroute (Voralpen- und Alpenpässe), Kümmerly + Frey (3073).

❶ ◀ Obergesteln
Bis zur Gotthardbahneröffnung 1882 passierten täglich 20 bis 30 Karawanen – rund 200 Tiere – die Zollstation und Sust. Hinter dem schattigen Wald zeichnet sich noch der Westhang des Äginentals ab (Gries). Im Vordergrund der Grimselsaumweg.
LK 1250

❷ ▲ Grimsel
Der Aufstieg zum Pass bietet einen herrlichen Ausblick in das breite Goms. Mit der Eröffnung der Gotthardbahn 1882 kam der Saumverkehr zum Erliegen.
LK 1250

❸ ▶ Grimsel
Wegpflästerung. Zwischen Brünig und Gries ist der Grimsel das Kernstück der sogenannten Sbrinz-Route. Mit «Sbrinza» wird in Italien harter Käse benannt, wohl weil solcher zuerst aus dem Berner Oberland und der Zentralschweiz kam.
LK 1250, 669 170/156 350

▲ Grimsel

An verschiedenen Stellen wurden Stützkonstruktionen erstellt. Unwetter, Eis und Schnee liessen Teile des Pfades immer wieder einstürzen, so dass ein aufwendiger Unterhaltsdienst notwendig war.

LK 1250

◄ Grimsel

Aufstieg zum Totensee. 1397 schlossen die Anwohner der Grimselroute einen Vertrag und stellten eine Säumerordnung zwischen Bern und Domodossola auf. Im 19. Jh. transportierten nur noch die Pomater Säumer regelmässig Waren.

LK 1250

❷ ◀ Grimsel
Grimselstrasse und -saumpfad. Im System der Rodsäumerei (Abschnitte gehören nur einer Genossenschaft) trugen die Walliser die Ware bis zum Grimselspittel, wo die Hasler sie übernahmen.
LK 1230

❹ ▼ Räterichsbodensee
Der 1950 gestaute See zieht sich bis weit ins Summerloch hinein. Die Bezeichnung «Spittellamm» auf der Landeskarte bezeichnet die Schlucht nördlich vom Hospiz (Lamm = Schlucht).
LK 1230

❸ ▲ Hospiz
Das «Grimselspittel» bestand bereits 1397, wurde aber 1932 vom Stausee überflutet. Der Geschichtsschreiber Johannes Stumpf schrieb 1544: «Die Landlüt von Hasle erhalten diesen Spitel, setzend ein Wirt und ein Spitelmeister dahin».
LK 1230

❺ ◀ Bögelisbrücken
Unterhalb des Grimselsees führt der Weg erst über das grosse Bögelisbrüggli, das 1968 rekonstruiert wurde.
LK 1230, 667 600/160 780

Von Viehhandel, Wein und Sbrinz

Grimselsaumweg um 1820. Drei Touristen auf dem Weg vom Hospiz nach Guttannen zwischen der kleinen Bögelisbrücke und Häle Platte

Handeck, Käserei und Sennhütte, Chromolitho von 1874, Stiftung Roth, Burgdorf

Ausgebautes Grimselhospiz, Stich aus dem 19. Jh.

Mit Kisten beladene Maultiere. Der Maulkorb verhinderte eine unerwünschte Zwischenverpflegung, 1882

Die Grimsel gehörte bis ins 19. Jahrhundert zu den wichtigeren Alpenpässen im Gebiet der Schweiz. Zwar erreichte dieser Übergang nie die Bedeutung des benachbarten Gotthards, der Bündner Pässe oder des Grossen St. Bernhards. Zusammen mit dem Brünig und dem Griespass verband er aber die Landschaften der Innerschweiz mit den Märkten der Lombardei und des Piemonts. Die ersten Nachrichten über den Grimselpass stammen aus dem 14. Jahrhundert. Zu dieser Zeit gab es bereits auch den «Grimselspittel», das Hospiz, welches im Besitz der Landschaft Hasli stand. Im Jahre 1397 vereinbarten die Landschaften Pomat, Goms und Hasli sowie die Städte Unterseen, Thun und Bern, für den freien und sicheren Handelsverkehr zu sorgen und den Saumweg und die Susten zu unterhalten. Trotz des Vertrages blieb der Aufschwung der Grimsel zur grossen Alpentransitroute aus. Die politischen Konflikte sowie die militärischen Ereignisse des 15. Jahrhunderts im Wallis und im Eschental wie auch die konfessionellen Spannungen nach der Reformation hemmten den Handelsverkehr. Dennoch hat sich über Jahrhunderte hinweg ein beachtlicher Warenhandel im regionalen Rahmen halten können. Von der Sust Meiringen aus wurden Käse und Vieh auf den Markt von Domodossola, teils auch nach Bellinzona und Lugano gebracht, aus dem Süden gelangten Wein, Reis, Mais und Öl ins Haslital. In der frühen Neuzeit war der Grimselpass die wichtigste Exportroute für den «Sbrinz», der auf den Alpen des östlichen Oberlandes, Unterwaldens und des Entlebuches hergestellt wurde und über die Grimsel den Weg zu den oberitalienischen Konsumenten fand. In älterer Zeit brachten die Hasler Säumer das Transportgut bis zum «Grimselspittel». Die Walliser holten es von dort bis zur Sust im «Loch» bei Obergesteln. Die Pomater Säumer transportierten die Waren über den Griespass bis Domodossola. Im 19. Jahrhundert waren es nur noch die Pomater, die regelmässig alle vierzehn Tage vom Juni bis in den Oktober den ganzen Weg unter die Füsse nahmen. Sie zogen jeweils freitags mit ihrer Maultierkolonne hinunter nach Domodossola, kauften den Wein und die andern Waren auf dem samstäglichen Markt ein und kehrten in ihre Dörfer im oberen Eschental zurück. Am Dienstag überquerten sie, jedes Tier mit zwei Lageln Wein und einem Sack Mais oder Reis beladen, den Griespass und nächtigten im Goms. Am Mittwoch erreichten sie mittags den «Grimselspittel» und abends langten sie im Wirtshaus von Guttannen an. Am Donnerstag verkauften sie ihre Lagel Wein im Landhaus zu Meiringen und stiegen noch gleichentags vollbeladen mit dem Käse nach Guttannen zurück. Dann kehrten sie über die beiden Pässe wieder heim ins Pomat. Mit der Eröffnung der Gotthardbahn im Jahre 1882 kam der Saumverkehr zum Erliegen. Die Grimsel-Gries-Route als alpenquerende Saumhandelsstrecke geriet gänzlich ins Vergessen.

Hans von Rütte

⑤ ▶ Bögelisbrücken
Zwischen dem grossen und dem kleinen Bögelisbrüggli finden sich eingemeisselte Rillen als Tritthilfen auf einer glatten Felsplatte.
LK 1230, 667 660/160 950

⑤ ▼ Bögelisbrücken
Auf rund 3 km findet man hier durchgehend Reste der alten Wegführung. Im Bild der Damm, der zum kleinen Bögelisbrüggli führt.
LK 1230

⑤ ◀ Bögelisbrücken
Die Brüstung des kleinen Bögelisbrügglis (vermutlich 18. Jh.) wurde mit massigen Steinblöcken und -platten hergestellt. Im Bachbett ist eine Gletschermühle erkennbar.
LK 1230, 667 630/161 000

⑥ ▶ Hälenplatten
Um 1840 begann der Neuenburger Professor Agassiz hier mit seinen Forschungen. Er behauptete, dass Europa zwischen Schöpfung und Gegenwart unter einer Eisdecke gelegen habe, und sorgte damit in gelehrten Kreisen für Aufruhr.
LK 1230, 667 100/161 650

❻ ▶ Hälenplatten
Der Gletscher schliff die Steinplatte im Verlaufe der Jahrtausende «häl» (= glatt). Um die schwierige Stelle zu überwinden, wurden 16 Stufen in die Platte geschlagen.
LK 1230

❻ ▲ Hälenplatten
Reizvoller Abschnitt zwischen Hälenplatten und Säumerstein.
LK 1230

❼ ◀ Säumerstein
Im Schutz des riesigen Felsbrockens (50 m^3) rasteten früher die Säumer. Im nahen Bächlein tränkten sie ihre Tiere.
LK 1230, 666 680/161 910

❽ ▶ Handegg
In der Alphütte pflegten die frühen Touristen des 19. Jh. einzukehren, so dass allmählich ein Restaurationsbetrieb entstand. Der heutige Gasthof Handegg stammt aus der Postkutschenzeit.

LK 1230

❾ ▼ Hangholz
Südlich von Hangholz ist der Weg teils zerstört, teils sehr schön erhalten geblieben.

LK 1230

❿ ▲ Guttannen
Die jüngeren Gasthöfe entlang der Grimselroute waren alle als Sust ausgestattet. Im Bild der Gasthof Bären, der nach dem Dorfbrand von 1803 erbaut wurde.

LK 1230

⓫ ◀ Ägerstein
Der Saumpfad – ein eingemauerter, stark bewachsener Hohlweg – führt an der ehemaligen Zollstätte vorbei. Hier betrieb die Landschaft Hasli eine Zollstation zur Finanzierung des Wegunterhaltes.

LK 1230, 663 650/168 600

⑫ ▼ ▶ **Stocki**

Bei diesem Engpass führte der Weg einst durch das Bachbett der Aare. 1773/74 wurde eine Galerie in den Fels gesprengt. Die Inschrift datiert das Erstellungsjahr.

LK 1230, 662 350/169 700

⓭ ◄ Inneri Urweid
Das alte Gasthaus in der Inneren Urweid von 1791 ist im Topographischen Atlas der Schweiz von 1873 noch als «Pinte» eingetragen. Die Linienführung beim Fluss ist noch immer erkennbar.
LK 1210, 662 120/170 120

⓮ ▼ Älauenen
Wasserfall entlang des alten Weges.
LK 1210, 661 780/170 700

⓯ ▼ Innertkirchen
An den Aussenwänden und im Kellergewölbe der Stallungen des Gasthauses «Hof», gleich hinter der Bahnstation, wurden Halterungsringe für die Maultiere eingelassen. Hier trennten sich die Wege über Susten und Grimsel.
LK 1210, 660 420/173 100

⓰ ◄ Aareschlucht
Die enge und steile Schlucht umging der alte Weg durch das Lammi. Im Bild der Blick auf Chirchen und den Einstieg zur Aareschlucht, wo auch die Umgehung ihren Anfang nimmt.
LK 1210, 659 360/173 670

⓱ ► Meiringen
Beim Austritt aus dem Lammiwald, am Ende des Saumpfades, stösst man auf eine Inschrift von 1537.
LK 1210, 658 340/174 570

⓱ ▲ Meiringen
Neben der ältesten Kirche des Haslitals (10. od. 11. Jh.) steht das Heimatmuseum der Landschaft Hasli. Die Häuserzeile aus dem 16. Jh. blieb als einzige von den Bränden von 1878/81 verschont.
LK 1210

Gotthard und Albis
Von Mailand nach Zürich

❶ ❷ Mailand
(122 m ü.M.)
Mailand–Bellinzona: per Bahn 2 h

❸ Bellinzona
(241 m ü.M.)
🛈 092-25 21 31
Museo dell'arte e delle tradizioni popolari del Ticino: 092-25 59 96
Museo civico: 092-25 13 42
Bellinzona–Biasca: 6 h; per Bahn 13′

❹ Biasca
(293 m ü.M.)
🛈 092-72 33 27
Biasca–Giornico: 5 h 30′

❺ Giornico
(406 m ü.M.)
🛈 094-38 16 16 (Faido)
Museo di Leventina (Casa Stanga): 092-74 12 16
Giornico–Lavorgo: 4 h 05′

❻ Lavorgo
(615 m ü.M.)
🛈 094-38 16 16 (Faido)
Lavorgo–Osco: 3 h 30′

❼ - ❽ Osco
(1157 m ü.M.)
🛈 094-38 16 16 (Faido)
Osco–Rodi-Fiesso: 2 h

Vom grossen Handelszentrum *Mailand* nach Bellinzona beging man den Saumweg über den Monte Ceneri oder aber verschiffte die Waren auf dem Langensee bis *Magadino*. Heute empfiehlt es sich, die Eisenbahn zu nehmen (+3400, +3410).

Von *Bellinzona* erreicht man *Biasca* über den Sentiero Riviera. Er führt vom Bahnhof zum Schwimmbad am Ufer des Ticino hinunter und folgt diesem durch die Flusslandschaft Riviera hinauf.

Von *Biasca* durchschreitet man den Talboden und folgt dem Uferweg die untere Leventina hinauf, an Granitbrüchen vorüber und den Fluss Rièrna querend nach Personico. Das Dorf wird südwestlich auf einer Werkstrasse verlassen, die vor der flachen Furt über den Margarasca in einen Saumweg überführt. In kurzen Kehren steigt der Pfad an und führt über Venn zur Maiensäss Faidal, den drei Hütten Magianengo, über die alte Steinbrücke des Cramosino zum Maiensäss von Catto und hinunter nach *Giornico*.

Rundgang: *Steinbogenbrücken,* Castello S. Maria, Torre di Attone, Kirchen S. Nicolao, S. Michele und S. Maria di Castello, *Casa Stanga.*
Über die westliche Steinbogenbrücke und das Bahngeleise beginnt auf dem Saumweg der Aufstieg nach Caradenca und zur Wallfahrtskirche S. Pellegrino. Weiter an Höhe gewinnend, am Croce dei Madri vorbei, kommt man auf eine Geländeterrasse, auf welcher *Chironico* (Pfarrkirche, Kapelle, Pedrinturm) steht. Das Haufendorf war vor der Öffnung der Biaschinaschlucht 1560 ein wichtiger Etappenort. Am nördlichen Ausgang zweigt der Saumpfad von der Hauptstrasse ab und senkt sich durch Heuwiesen, Kastanien- und Buschwald Nivo zu. Wieder im Tal, wird die Flussuferseite gewechselt nach Lavorgo.

Von *Lavorgo* wird nach Calonico zur Strada alta aufgestiegen. Durch Wiesen und Gehölz folgt man der «unteren» Variante über Paschirolo zum Dörfchen Tengia, welches noch eine Einheit von Steindächern aufweist. Bis zum Bach Froda auf der Poststrasse, führt anschliessend der Saumpfad weiter ins typische Leventinerdorf Rossura (Pfarrkirche, Strickbauten). Über das Wildwasser Croarescio gelangt man zum Weiler Figgione, quert den Wildbach Bassengo und wandert nach Calpiogna. Nach dem tief eingeschnittenen Tal des Ri di Formiei geht es über das Maiensäss Targnett. Der Saumpfad kreuzt dann am bewaldeten Berghang die markanten Gräben des Ri Scieresa und Ri del Ri und führt zum still gelegenen *Osco* (Säumerordnung von 1237).

Von der sonnigen Terrasse von Osco geht man auf der Strada alta bis Freggio. Hier beginnt der Abstieg ins Tal auf der Fahrstrasse und über Abkürzungen. Unterhalb der *Piottinoschlucht* gelangt man über den Ponte vecchio zur Gotthardstrasse, folgt dieser 70 m abwärts und verlässt sie nach rechts auf eine Werkstrasse. Das Trassee der ehemaligen Gotthardstrasse und des noch früheren Saumweges überquert beim Wärterhaus die Bahnlinie. Bei einem Abstecher zur nahen, alten Strassenbrücke blickt man in der imposanten Schlucht auf die Reste der verwaisten *Kommerzialstrasse,* welche wieder restauriert werden soll. Zurück zum «sentiero romano» (Einstieg oberhalb des Wärterhauses), hinauf zur Strada bassa und über den Passo Monte Piottino zu den Ruinen des *Dazio vecchio* mit Aussicht in die obere Leventina. Dann Abstieg zur Gotthardstrasse am

oberen Schluchteingang, wo sich auch das Zollhaus *Dazio Grande* befindet. Entlang der Gotthardstrasse erreicht man das Dorf Rodi und die Bahnstation Rodi-Fiesso.
Von Rodi führte eine Variante des Saumweges nach *Prato* und über Corone nach Faido. Zugänglich ist ein Wegstück am Hügel der Pfarrkirche von Prato (Rodi–Prato–Rodi: 45').

⑩ ⑪ Rodi-Fiesso
(940 m ü.M.)
🏠 094-38 16 16 (Faido)
Rodi-Fiesso–Airolo: 3 h 35'

Nach der Bahnstation verlässt man das Dorf Rodi beim Elektrizitätswerk und gelangt oberhalb des Dorfes an Fiesso vorüber, später der Bahnlinie entlang zur Talenge Tre Cappelle. Nacheinander werden die Gotthardstrasse, die Bahnlinie und der Ticino gequert und auf der nun nördlichen Talseite trifft man nach der Autobahnunterquerung wieder auf den Saumweg. Ein gut erhaltenes Teilstück führt nach *Quinto* hinauf. In geringer Höhe über dem Talgrund wandert man auf dem Saumweg zum Kraftwerk Piotta des Ritomwerkes (Postauto, Ritombahn). Hier, wo sich auch das einstige Säumerdorf Scruengo befand, verlässt der Wanderweg das Trassee des Saumweges und wechselt über die Brücke die Talseite. Nun dem Ticino entlang zur Talenge der Ponte Sort, wo die Gotthardstrasse und die Autobahn unterquert werden. Weiter dem Flussufer folgend, geht man nochmals unter der Autobahn hindurch, kommt an der Autobahnraststätte vorbei (Eingang für Wanderer) und erreicht die Mündung der Stalvedroschlucht mit der Kapelle S. Maria Vergine von 1766.
Der moderne Wanderweg verläuft weiter auf der südlichen Talseite und umgeht die Schlucht über den Talriegel. Nach kurzem Anstieg wird die Burgstelle Torre dei Pagani passiert und auf der Oberseite wieder zum Ticino abgestiegen. Ein Fussgängersteg und ein letzter Durchlass unter der Autobahn führen zur Bahnstation von *Airolo*.

⑫ - ⑬ Airolo
(1141 m ü.M.)
🏠 094-38 16 16 (Faido)
Gotthardmuseum, Hospiz:
094-88 15 25
Airolo–Hospental: 5 h 20'

Besichtigung: Pfarrkirche mit Campanile und Nebenkapelle.
Der Sentiero Gottardo führt von der Bahnstation zur Kirche und zum Dorfrand S. Carlo, wo die alte Passstrasse überschritten wird. Nach einem 1993 *restaurierten Wegstück* steigt man durch Heuwiesen hinauf zum Fondo del Bosco (Wirtschaft). Im Bereich der alten und neuen Passstrasse windet sich der Saumweg durch den Bosco Pitella nach dem Motto Bartola hinauf. Unter dem Viadukt der neuen Strasse setzt sich der Weg fort, kreuzt nochmals die Passstrasse und erreicht das Val Tremola über die Untere Tremolabrücke (1641). Weiter neben der Fahrstrasse durch die Talenge, an der Mittleren Brücke vorbei und auf der älteren Strasse zur *Oberen Brücke*. Nun steigt man teils auf der Passstrasse von 1830, über Abkürzungen und Teilen des Saumweges das beeindruckende Tal hinauf. Bei der zweitobersten Strassenkehre steht linkerhand an einer Blockwand die Suworow-Inschrift von 1806. Nach dem Ponte di Cima über den Bach Foss erreicht man auf gut erhaltenem Saumpfad die *Totenkapelle* und bald darauf das *Hospiz*. Nun folgt man der alten Fahrstrasse, entlang dem Lago della Piazza, hinauf zum Passo San Gottardo und geht auf dem Saumpfad hinunter bis zur Kreuzung der alten und neuen Passstrasse. Hier zweigt der Weg rechts ab und führt alsbald auf dem *Saumpfad* mit einer schön erhaltenen Partie im Rodontboden über die von Felsblöcken übersäte Alp bei der Cassina dei Morti. Auf dem Brüggboden wird die Gotthardreuss überschritten. Nach der Talenge Brüggloch geht der Saumpfad rechts hinunter, führt über eine restaurierte, gepflästerte *Wegpartie* und steigt zum Mätteli (Gasthaus) wieder an. Anschliessend folgt man dem linken Flussufer gegen die Talenge Gamssteg, um über die Chämletenanhöhe nach *Hospental* zu gelangen.

⓯ - ㉑ Hospental

(1452 m ü.M.)

☏ 044-6 77 72

Talmuseum Andermatt: 044-6 74 81
Hospental–Wiler: 4 h 15'

Besichtigung: Steinbogenbrücke über die Gotthardreuss, Tenndlenbrücke (Furkareuss), Hotel Gotthard, Langobardenturm.

Man erreicht Andermatt durch den St. Annawald (Bildstöcklein, *historische Richtstätte*). Von der Talkirche ist es ein kurzes Stück bis zum 1707 durchbrochenen «*Urnerloch*» und zur Schöllenen. Die imposante *Teufelsbrücke* wird überquert und um die scharfe Felskante herum weitergegangen. Vom Brüggwald wandert man über der Schutzgalerie auf dem neuangelegten Wanderweg zur *Häderlisbrücke,* von wo man bis Göschenen auf das Trottoir angewiesen ist. Über die *Zollbrücke* (1556) mit dem bewehrten Tor erhält man Einlass in den alten Dorfteil. Göschenen wird nördlich auf einem Strässchen verlassen, das parallel zum Bahntrassee talabwärts führt. Im folgenden gelangt man auf die Schutzgalerie der Gotthardbahn und kreuzt weiter unten den Naxtalbach. Der Fussweg führt unter dem Vordach der St. Josefkapelle durch und mündet bald in die Passstrasse ein. Dieser folgt man ca. 1 km bis Wassen. Ausgangs Dorf verläuft der ausgeschilderte Weg links hinunter durch ein Wäldchen. Rechterhand findet sich der «*gezeichnete Stein*» (1619) vom Seckelmeister Iacobus. Unten in der Talsohle überquert man die Reuss und geht nach der Autobahnunterführung auf der rechten Talseite. Vor den zwei Bauernhäusern (Steinen) unterquert man die Autobahn erneut und gelangt an das Ende des Stausees. Hier beim *Pfaffensprung* steigt man zur Fahrstrasse hoch, folgt dieser ca. 200 m passwärts und zweigt dann rechts ab, um oberhalb des Kraftwerks durchzugehen und über Hägrigen nach Wiler zu wandern.

㉒ - ㉔ Gurtnellen/Wiler-Station

(737 m ü.M.)

☏ 044-6 57 59 (Wassen)

Gurtnellen/Wiler–Amsteg/Silenen: 3 h 15'

Nach der Bahnhofunterführung steigt eine asphaltierte Strasse gegen Gurtnellen an und führt in den alten Kirchweg über. Hübsch sind die Bildstöcklein am Strassenrand im einst lawinengefährdeten Gebiet. Die links oben thronende Bergheimatschule von Bitzi war einst eine Sust. Oben in *Richligen* befindet sich eine weitere *Sust*. Zum Saumweg biegt man in der grossen Kurve bei der Kapelle ab. Mit schöner Aussicht wandert man über Obergurtnellen, Hohenegg, Breitensteig nach Intschi. Damit man in der *prächtigen Gasse* aus Trockenmauerwerk die Grosszügigkeit der Weganlage geniessen kann, lenkt man gegenüber der Kirche in den Pfad ein. Dieser führt über Oberintschi, Bodmen, Rüti, Brunni wieder hinunter ins Tal. Beim Pt. 533 überschreitet man die Reuss.

Nach rechts führt der Riedweg Richtung Gotthard. Diese Route enspricht der Sommervariante des Saumweges, da die Gegend durch die Lawinen des Bristens im Winter zu gefährlich war. Ein *Lawinenunterstand* (ca. 300 m vom jetzigen Standort) und die in Vorder Ried erhaltene Eligiuskapelle (Schutzpatron der Säumer und Schmiede) verweisen darauf.

Auf der Gotthardstrasse wird Amsteg erreicht. Gegenüber der Kirche, zwischen den Häusern durch, folgt man dem in kurzen Kehren ansteigenden Saumweg, entlang der Bahnlinie, an der Richtstätte Zwing Uri vorbei in lieblicher Landschaft. Der Pfad senkt sich und nach wenigen Metern auf der Hauptstrasse führt rechts ein Strässchen hinauf ins Silenen-Dörfli.

㉕ - ㉗ Amsteg/Silenen-Dörfli

(544 m ü.M.)

☏ 044-2 87 31 (Attinghausen)

Urner Mineralien-Museum Seedorf (beim Schloss A Pro): 044-6 50 16
Silenen-Dörfli–Flüelen: 4 h 20'

Besichtigung: Sust, ehem. Gasthof zum Sternen, Kapelle der 14 Nothelfer, *Meierturm* der Edlen von Silenen.

In Richtung Norden geht man durch den sich ausbreitenden südlichsten Teil der Reussebene, die vor der Flusskorrektur schiffbares Gebiet war. Es kann der rechte oder linke Reussdamm gewählt werden. Am Eingang von Erstfeld steht ostwärts die blendend-weisse Jagdmattkapelle. Dem rechten Ufer weiter nachwandernd und den Fluss querend, trifft man nördlich von Ripshusen auf dem «hohen Weg», einen in den Fels gehauenen Wegabschnitt. Über den schmalen Landstreifen zwischen Reuss und Talhang geht es nach Attinghausen (*Burgruine* der Freiherren von Attinghausen, Schweinsberg). Wiederum auf den Dammkronen folgt man dem Fluss bis in sein Delta. Auf dem «Weg der Schweiz» ist dem See entlang ein Abstecher nach Seedorf (Unterführung zum *Schloss A Pro*) möglich oder aber über die hölzerne Hängebrücke direkt ostwärts nach Flüelen.

③⓪ Flüelen
(435 m ü.M.)
☎ 044-2 42 23
Flüelen–Küssnacht: 2 h 12′

Wie zu Säumerzeiten wird die Strecke vom einstigen Reichszollort, Hafen- und Umschlagplatz Flüelen bis nach Küssnacht per Schiff (und Postauto ab Weggis) zurückgelegt (+2600; +600).

③① Küssnacht
(457 m ü.M.)
Heimatmuseum: 041-81 14 17
☎ 041-81 33 30
Küssnacht–Immensee: 1 h 10′
Immensee–Zug: ca. 50′

Über den Hauptplatz, der Rigistrasse folgend, wandert man zur sogenannten Gesslerburg, eine der mächtigsten Burganlagen der alten Eidgenossenschaft. Sodann führt der Weg über Chestenenbäumen, Tälleren, Gisibach und durch die *Hohle Gasse* nach Immensee. Dort besteigt man erneut das Schiff und fährt nach Zug (+2660).

③② ③③ Zug
(425 m ü.M.)
☎ 042-21 00 78
Kantonales Museum in der Burg: 042-25 32 97
Fischerei-Museum: 042-41 87 19
Zug–Horgen: 4 h 30′

Rundgang: Rathaus, Unter-Altstadt (*Sust und Fischerei-Museum*), Ober Altstadt, gotische Kirche St. Oswald, Burg, Münz, Postplatz (Grenze zwischen dem alten und dem neuen Zug). Von Zug empfiehlt es sich, den Bus nach Baar zu nehmen (Linie 3, Haltestelle Lettich). Von hier führt die markierte Wanderung nach Deinikon, über die Römerbrücke weiter nach Büssikon, Walterswil nach Sihlbrugg Dorf. Nach dem Überqueren mehrerer Fahrbahnen und zuletzt der Sihlbrücke, steht linkerhand der alte Gasthof zur Krone (1809). Man nimmt die links abzweigende Strasse, und wandert über die Tobelmüli (ehemalige Mühle mit Bäckerei), Dürrenmoos zum Weiler Höhi hinauf. Vereinzelt sind unterwegs noch Hohlwege und verschiedene deutliche Wegböschungen erkennbar. Mit schöner Aussicht auf die diversen Weiler und den Zürichsee wandert man über Widenbach und Simmismoos auf der einstigen «unteren Saumstrasse» nach Grindel und dem Bergweier entlang zum «Klausplätzli» (Pt. 641). Von hier steigt man auf dem Eggweg den Wald hinab, unterquert die Autobahn und folgt dem Eggweg (einige erhaltene Trockenmauern) weiter zum Zentrum von Horgen.

③④ ③⑤ Horgen
(409 m ü.M.)
☎ 01-725 15 24 / 725 44 85
Ortsmuseum: 01-725 15 58
Horgen–Zürich: per Schiff 45′

Besichtigung: Ref. Kirche, *Sust*.
Von Horgen nach Zürich wird der Wasserweg benutzt (+2730). Von Zürich aus gab es verschiedene Handelswege zu den wichtigen Messestädten (z.B. Zurzach, Nürnberg). Nordwestlich fuhr man über die Limmat nach Brugg, säumte über den Bötzberg und gelangte über Basel in den Norden. Nordöstlich verliefen die Wege über Winterthur–Schaffhausen oder Winterthur–Frauenfeld und Konstanz in die benachbarten Gebiete.

Landeskarten: 1:25 000: Bellinzona 1313, Osogna 1293, Biasca 1273, P. Campo Tencia 1272, Ambri-Piotta 1252, Val Bedretto 1251, Urseren 1231, Meiental 1211, Amsteg 1212, Schächental 1192, Beckenried 1171, Muotatal 1172, Rigi 1151, Zug 1131, Albis 1111.
1:50 000: Valle Verzasca 276.
Wanderliteratur: Tre Valli, Kümmerly + Frey (3643). Gotthardroute, Kümmerly + Frey 1980. Auf Wanderwegen im Tessin, Verlag NZZ 1992. Uri, Kümmerly + Frey (3686).

❶ ◀ Milano
In Mailand treffen mehrere wichtige Verkehrsadern aus den Alpen auf die Voralpenstrasse. Im Mittelalter wie auch heute sind die Messen Mailands von europäischer Bedeutung. Im Bild der Dom.

❷ ▼ Piano di Magadino
Der Lago Maggiore war ein vielbefahrener Schiffsweg auf der Süd-Nord-Achse. Im ehemals bedeutenden Hafenort Magadino wurden die Waren umgeschlagen und verzollt. Im Bild die fruchtbare Ebene von Magadino.

LK 1313

▶ Bellinzona

Mitten in der Ebene modellierte der Gletscher einen Felssporn. Aus der Steinzeitsiedlung ging über die Jahrtausende Bellinzona hervor. Vom Castello Sasso Corbaro reicht der Blick bei klarem Wetter bis zum Lago Maggiore.

LK 1313

▼ Bellinzona

Gegenüber dem Castello Montebello (im Vordergrund) thront das renovierte Castel Grande auf dem Plateau. Zusammen bildeten die zwei Burgen eine eindrückliche Talsperre.

LK 1313

❸ ▶ Bellinzona
Der Piazzo Nosetto bildete das Markt- und Handelszentrum der Säumer. In den Innenhöfen lagen die Stallungen und Warenlager. Heute noch dient der Platz jeden Samstagmorgen als Marktplatz.
LK 1313

❹ ▲ Biasca
Hauptort der ambrosianischen Täler und seit dem 15. Jh. Marktflecken. Ein Kleinod ist die romanische Kirche San Pietro (12. Jh.). Ein Kreuzweg führt zu einer Kapelle der St. Petronilla (um 1602).
LK 1273, 718 120/139 410

❺ ▼ Biasca
Bei Biasca mündet der Brenno in den Tessin. Die alte Leventina-Strasse quert ihn am Westausgang von Biasca bei Ponte. Die Fahrstrassenbrücke von 1815 ersetzt die Säumerbrücke aus dem 17. Jh.
LK 1273, 717 110/135 410

Von Säumergesellen und Eidgenossen

Im 4. Jahrhundert war das Gotthardgebiet Teil der von Chur aus verwalteten Provinz «Raetia prima». Impulse der Romanisierung und Christianisierung gingen aber vor allem von Mailand aus. Nach 568 machte sich der arianische-langobardische Einfluss bemerkbar, der sich in der Besetzung strategisch wichtiger Positionen entlang der Passroute niederschlug und den Einfluss des Bischofs von Chur einschränkte. Bellinzona, die Türme von Stalvedro bei Madrano, südlich des Gotthardhospizes, in Hospental und wohl auch in Göschenen waren vom langobardischen Militäradel unterhaltene Kastelle. Die zum Teil heute noch sichtbaren baulichen Überreste zeugen von der verkehrsgeschichtlichen Bedeutung unserer kürzesten Nord-Süd-Achse im Frühmittelalter.

Aufstieg durch den Kastanienwald zum Gotthard im Tessin. Im Hintergrund eine Wegkapelle

Die im Rahmen der fränkischen Italienpolitik unter den Merowingern eingeleiteten und von den Karolingern erfolgreich zu Ende geführten Feldzüge brachten 776 die Niederwerfung des Langobardenreiches und den Gotthardübergang unter die Hoheit der katholischen Franken.

Karl der Grosse entzog 807 dem Churer Bischof die weltlichen Herrschaftsbefugnisse über die Alpenpässe und setzte den zur Reichsaristokratie zählenden Grafen Hunfrid ein, zu dessen Nachkommen unter anderem auch die Herzöge von Schwaben und die Grafen von Lenzburg gehörten. Letztere waren von 1140–1173 Reichsvögte für die Talschaften Uri, Ursern, Livinien und Blenio. In ihrem Machtbereich standen am Nordzubringer zum «Urschner Berg» auch der seit Mitte des 9. Jahrhunderts zum karolingischen Eigenkloster Fraumünster zu Zürich gehörende Albisforst sowie der Königshof mit Hafenanlage in Cham am Zugersee.

Oberste Brücke des Saumpfades in der Tremola über das Bächlein Foss

Mit dem Aufkommen der Städte im 10. bis 12. Jahrhundert als Zentren der gewerblichen Produktion und des Güteraustausches entstanden in der Lombardei und in Schwaben Wirtschaftsräume, die immer mehr auf ein alpenquerendes Fernstrassennetz angewiesen waren.

Der älteste Saumweg über den Gotthard folgte den alten Viehtriebwegen in die Sommerweiden nördlich der Wasserscheide von Foss/Ticino und Reuss. Der Passweg nahm seinen Anfang östlich von Airolo in Valle (1175 m ü.M.) am Eingang zum Val Canaria, wo das seit alters her bezeugte Hospiz situiert war. Über Alpe di Pontino und Sorescia erreichte man unter Umgehung der wegen Steinschlag und Lawinen berüchtigten Val Tremola nach fünfstündigem Marsch das auf rund 2090 m Höhe zwischen Seen eingebettete Hospiz. An dieser Stelle weihte zwischen 1173 und 1176 der Erzbischof von Mailand die in spätkarolingischer Zeit erbaute Hospizkapelle zu Ehren des bayerischen Bischofs Godehard von Hildesheim († 1038), der 1131 heilig gesprochen wurde und dessen italienischer Name, Gottardo, der Pass bis heute trägt. 1176 waren die ambrosianischen Täler Livinien und Blenio wieder in lombardischer Hand. 1439 wurden sie von den Eidgenossen (wieder-)besetzt und bis 1798 verwaltet.

Gotthard Hospiz mit dem heute verschollenen «Langobardenturm». M:M: Exchaquet, Struve et I:P: van Berchem 1791

Die erst um 1200 durch den «Stiebenden Steg» (seit dem 16. Jahrhundert unter dem Namen «Teufelsbrücke» bekannt) erschlossene Schöllenen (von «scalae», Treppe) am Ausgang des Urserntales wurde auf den Schultern des Bäz- und Chilchenberges östlich und westlich umgangen. In den Quellen ist von einer alten Sust die Rede, welche einst in Tenndlen bei Hospental am Fusse des Bäzberges situiert war.

Die Gotthardanstösser entwickelten sich bis Mitte des 13. Jahrhunderts zu selbständigen, reichsfreien «Communitates» und beherrschten mit ihren auch als Säumer tätigen Tal- und Dorfleuten die Gotthardstrecke. Aus dem Jahre 1237 ist uns eine Säumerordnung von Osco in der oberen Leventina erhalten geblieben, welche sich auf alte Rechte und Pflichten der bäuerischen Säumergenossen beruft. Das Recht, am Transportgewerbe teilzuhaben, hing vom Besitz eigener Transporttiere (Pferde, Maultiere oder Ochsen) und Alprechten ab; transportiert wurde aus ökonomischen Gründen hauptsächlich im Winter.

In dieser Zeit wurde in diesen Passländern die wirtschaftliche und politische Basis für das Werden der späteren Eidgenossenschaft gelegt.

Urs Alfred Müller

Zeitgenössische Ansicht von Hospental mit dem «Langobardenturm», 1835

Eine Säumerstrasse zwischen den Seen – von Horgen nach Zug

Seit dem 13. Jahrhundert war die Säumerstrasse zwischen dem Zugersee und Horgen am Zürichsee Teil der Gotthardroute, die nördlich der Alpen über Zürich und Konstanz nach Deutschland führte. Der zwei Marschstunden lange Passweg stieg von der am See gelegenen Sust in Horgen (498 m) zum Weiler Zimmerberg (748m) auf und senkte sich an der steilen Westflanke des Horgenberges gegen Sihlbrugg (535 m) zu.

Bis ins 14. Jahrhundert musste hier bei der Babenwag gefurtet werden; erst später erlassene «Ordnungen», welche die Säumer von Zeit zu Zeit auf der Brücke beschwören mussten, lassen im 15. Jahrhundert auf einen gebauten Übergang schliessen. Als Bauherrin kommt die Stadt Zürich in Frage, die 1403 erklärte, die Strasse nach Zug und Schwyz solle in einem guten Zustand gehalten werden, «damit der Zürichseewein besser transportiert werden könne». Unter Androhung von Geldstrafen wurde zudem verboten, abgezapften Wein in den Transportfässern durch Wasser zu ersetzen. 50 Jahre später war es den Säumern erlaubt, sich mittels Rohrhalmen zu stärken.

Mit der Übernahme der Vogtei Horgen durch Zürich im Jahre 1406 verloren die Zürichsee-Säumer ihre Eigenständigkeit. Sie durften die in der Horgener Sust gestapelten, auf dem Wasserweg transportierten Waren wie beispielsweise Salz aus Bad Reichenhall oder Eisen vom Gonzen bei Sargans, nur noch bis Zug säumen.

1434 gestattete der Rat von Zürich auf dieser Strecke den Wagenverkehr, was den Saumpfad derart beanspruchte, dass sich die Obrigkeit 1634 veranlasst sah, die Strasse mit einem Steinbett zu versehen, wie es nur bei wichtigen Strassen die Regel war.

Dorothea Wagner

Blick auf die Passlandschaft am Gotthard mit allegorischer Darstellung der Reuss- und Tessinquellen um 1705 von Melchior Füssli

Alte Teufelsbrücke von 1595, Zeichnung von Melchior Füssli um 1700

❺ ◀ Giornico
Casa Stanga, ehemalige Taverne, heute Museo di Leventina. Der findige Wirt liess – sozusagen als Reklame – die Taverne mit den Wappen seiner illustren Gäste bemalen, unter denen sich Fürsten aus ganz Europa befanden.
LK 1273, 710 520/139 930

❻ ▶ Giornico
Die alte Route setzte hier über den Fluss. San Nicolao (Bildmitte) ist das bedeutendste romanische Baudenkmal im Tessin. Im Aufstieg nach Chironico trifft der Wanderer auf die Wallfahrtskirche San Pellegrino.
LK 1273, 709 485/141 060

❻ ▲ Chironico
Reizvoll in einer Geländemulde gelegen, bildetete Chironico einen wichtigen Etappenort. Auffallend ist der Pedrini-Turm, der auch als Wehrturm eine Rolle spielte (14. Jh.).
LK 1273, 708 060/142 250

❼ ▶ Osco
Auf dem Nordosthang (rechte Bildhälfte) führte die Umgehung des Piottino über Osco. Von hier stammt die erste bekannte Säumerordnung aus dem Jahre 1237.
LK 1252, 703 100/150 000

❽ ◀ Piottino
«Sentiero romano». Die Pflästerung steigt zu einem seltsam stillen Wald auf einem Plateau an. Kaum zu glauben, dass unter dem Massiv eine der bedeutendsten Verkehrsadern Europas pulsiert.
LK 1252, 700 900/149 500

▶ Piottino

Dazio Vecchio (altes Zollhaus). Die Fortsetzung des «Sentiero romano» stösst bei einem Engnis an die Ruinen des Dazio Vecchio. Weiter unten mündet der Weg in einen «Sentiero educativo».

LK 1252, 700820/149350

◀ Prato

Die Saumpfadbrücke bei Prato ist ebenfalls in den «Sentiero educativo» integriert. Links davon sind die Reste eines alten Kalkofens erkennbar, im Hintergrund die Pfarrkirche.

LK 1252, 700860/148900

▼ Piottino

Wie an den Felsen geklebt, schmiegt sich die verwaiste und überwachsene Kommerzialstrasse (19. Jh.) an die nördliche Steilwand. Das imposante Bauwerk soll in Bälde restauriert werden.

LK 1252, 700900/149670

⑩ ▼ Rodi-Fiesso

Dazio Grande. Das aus dem 16. Jh. stammende Zollhaus diente auch als Sust, als Herberge und auch zum Lasttierwechsel. Das massive Gebäude wartet auf baldige Wiederherstellung.
LK 1252, 700 450/149 200

⑪ ▲ Quinto

Die alten Wege umgingen die ehemals sumpfige Ebene von Ambri-Piotta. Auf der Nordseite liegt Quinto mit seinem geräumigen Kirchplatz. Bereits 1311 besass der Ort eine eigene Säumerzunft.
LK 1252

⑫ ▲ Airolo

Bei Airolo bohrt sich heute der längste Alpentunnel Europas durch das Herz des Kontinentes (Eröffnung 1980). Für die früheren Reisenden begann hier der Anstieg zum Pass.
LK 1251

⑫ ▼ Airolo

An verschiedenen Stellen haben Genie- und Traintruppen des Gebirgsarmeekorps 3 den alten Saumpfad über den Gotthard wiederhergestellt. So auch im Anstieg unweit von Airolo.
LK 1251

⑬ ▲ Gotthard

Tremola. In 24 Kehren schraubt sich die in den 50er Jahren unseres Jh. mit einem Kopfsteinpflaster versehene 1830er Fahrstrasse die steile Schlucht hinauf. Bis 1830 konnte über den Pass nur gesäumt werden.
LK 1251

⑬ ◀ Gotthard

Suworow-Inschrift (1806). Die Armee des russischen Generals Suworow wollte 1799 im Verbund mit England und Österreich die französischen Besetzer schlagen. In den Alpen war sie daher als «Befreierin» vielerorts willkommen.
LK 1251, 686 690/156 020

⑬ ▼ Gotthard

Zwischen dem Hospiz und der Oberen Tremola kreuzt die heute verbreiterte Saumpfadbrücke den Bach Foss. Im Hintergrund die Galerie der neuen Gotthardstrasse.

LK 1251, 686 730/156 100

⑬ ▶ Gotthard

In der kleinen Totenkapelle unmittelbar am Saumpfad wurden die Leichname der unbekannten Toten aufgebahrt: bei schlechter Sicht holte der Erfrierungstod manchen Reisenden vor dem sicheren Hospiz ein.

LK 1251, 686 720/156 440

⑬ ▼ Gotthard

Das erste Hospiz auf dem Gotthard wird 1237 urkundlich erwähnt. Der Nachfolgebau aus dem 17. Jh. erinnert mit der Kapelle an die Zeiten vor dem Postkutschenverkehr. Die Sust mit dem Pferdestall und dem Hotel entstanden im 19. Jh.

LK 1251, 686 600/156 640

⑬ ▲ Gotthard

Alte Sust. Der Kanton Tessin erstellte den grossen Bau in den Jahren 1834–1837. Heute beherbergt das 1978 restaurierte Gebäude das nationale St. Gotthardmuseum.

LK 1251

⑬ ◀ Gotthard

Gotthardmuseum. Der Pass mit der vor 1176 dem heiligen Gotthard geweihten Kapelle war auch Ziel zahlreicher Prozessionen. Das Original stammt aus dem Val Formazza, wo das Fresco die Kirche von Altillone schmückt.

LK 1251

⓭ ▼ Gotthard

Bei Ponte di Lucendro ist immer wieder der kürzlich sehr schön restaurierte Saumpfad erkennbar. Bei den Restaurierungsarbeiten durch Luzerner Lehrlinge wurden z.T. die runden «Reussbollen» wieder eingesetzt.

LK 1251, 685 900/157 500

⓮ ▶ Mätteli

Zwischen Brüggloch und Mätteli zieht der Weg malerisch gegen Norden. Eine Tafel erzählt von den verschiedenen Heerzügen, die auf dem alten Gotthardweg den Alpenkamm überquerten.

LK 1231, 685 900/159 600

⓯ ▲ Hospental
Im Urserntal zwischen der Schöllenen und dem Gotthardaufstieg liegen Andermatt und Hospental. Trutzig überwacht der «Langobardenturm» die Siedlung. Im Halbschatten erkennbar ist der enge Einstieg zur Schöllenen.
LK 1231, 686 400/163 680

⓯ ▲ Hospental
Kapelle St. Karl (18. Jh.) an der Passstrasse: «Hier trennt der Weg, o, Freund, wo gehst du hin? Willst du zum ew'gen Rom hinunterzien, Hinab zum heilgen Köln, zum deutschen Rhein, Nach Westen weit in's Frankenland hinein?»
LK 1231

⓯ ▲ Hospental
Die alte Saumpfadbrücke über die Gotthardreuss im Zentrum des Dorfes führt am Gasthaus Gotthard vorbei. In der Mitte der Brüstung ist die Bauinschrift von 1681 erkennbar.
LK 1231

⓰ ▲ Hospental/Andermatt
Über der Reichsstrasse, in der Nähe der St. Annakapelle, thront der Galgen über dem einst waldlosen Urserntal. Den Galgentürmen sind Lawinenbrecher vorgemauert.
LK 1231, 687 100/164 170

⓱ ▶ Andermatt
Die Säumerordnung der Talleute von Ursern von 1363 regelte die Zuteilung, Beförderung und Lagerung des Transportgutes, sowie die Entlöhnung. Das Dokument ist im Talmuseum ausgestellt.
LK 1231

⑰ ▲ Schöllenen
Teufelsbrücke. Die Schöllenen blieb bis Ende des 12. Jh. unpassierbar. Bis dahin musste sie über den unwegsamen Bäzberg oder das Chlauserli umgangen werden.
LK 1231, 688170/166870

⑰ ▶ Schöllenen
Der Legende zufolge gingen die Talbewohner für den Brückenbau einen Pakt mit dem Teufel ein. Dieser forderte für den Bau die erste Seele, welche die Brücke überschritt. Die Urschner schickten einen Ziegenbock...
LK 1231

⑰ ◀ Schöllenen

Schroff und karg fällt die Schöllenen nach Norden ab. In der engen Felsschlucht windet sich die Gotthardstrasse gegen Göschenen und schneidet da und dort den alten Saumpfad.

LK 1231

⑰ ▼ Schöllenen

Die aus dem Jahre 1701 stammende Häderlisbrücke wurde durch die Hochwasserkatastrophe von 1987 zerstört. Sie wurde originalgetreu, aber mit Beton verstärkt, wieder aufgebaut.

LK 1231, 687 690/168 120

⑱ ▲ Göschenen

Bei der Steinbogenbrücke von 1556 über die Göschener Reuss, unweit der Dorfkapelle, kassierte man im 13. Jh. den Wegzoll. Eine Turm- und Toranlage sperrten in Notzeiten diesen wichtigen Zugang zur Schöllenen.

LK 1231, 687 770/169 100

⑲ ◀ Wattingen

Bei Wattingen führt der Weg unter dem Vordach, dem «Tenn» der St. Josephkapelle durch.

LK 1211, 688 480/172 250

81

⑳ ◄ Wassen

Von Wassen auf dem Wanderweg herabkommend, findet man im Wäldchen auf etwa 2 Metern Höhe den sogenannten Strickerstein oder «Zeichnete Stein» mit der Inschrift «Iacobus. 1619. Strikker. der (Landes)Seckelmeister»

LK 1211, 689 060/173 660

㉑ ▼ Pfaffensprung

Der Saumpfad und die Kunststrasse des 19. Jh. überqueren die Reuss am gleichen Ort wie heute die Kantonsstrasse: beim Pfaffensprung, nächst dem Kraftwerk von Wassen.

LK 1211, 689 600/174 470

㉒ ▲ Gurtnellen

Über die Geländeschulter von Gurtnellen steigt der alte Weg an, vorbei an verschiedenen Bildstöcklein. Je gefährlicher der Weg, umso häufiger sind sie anzutreffen: hier bat man um Schutz oder bedankte sich für seine Gewährung.

LK 1212

㉓ ▲ Richligen

Bei Richligen erinnert die Sust (17. Jh.) an den alten Wegverlauf. In der Nähe sind auch noch Reste einer alten Maultiertränke erhalten. Heute versorgt dort eine Badewanne das Vieh mit Wasser.

LK 1212, 691 050/178 090

㉔ ► Intschi

Auf dem Westhang führt der Weg über Intschi. Vor Ober-Intschi, in einer «Gasse», sind Trockenmauern und andere Wegrelikte gut erhalten.

LK 1212, 692 600/179 680

㉕ ▶ **Amsteg**

Kurz vor Amsteg, unweit einer Wegkapelle, befindet sich dieser Lawinenunterstand. Er erinnert an die Gefahren, denen auch die Säumer ausgeliefert waren (und die Anwohner noch heute).

LK 1212, 693 910/180 170

㉖ ◀ **Silenen**

Mit seiner Sust und dem Meierturm (11./12. Jh.) bildete Silenen eine wichtige Umladestation von Karren auf Saumtiere.

LK 1192

㉗ ▼ **Attinghausen**

Beidseitig der Ebene von Altdorf führten zwei Routen, die in den Händen von zwei einander sich rivalisierenden Familien lagen. Am Westhang thronte einst die Burg der mächtigen Freiherren von Attinghaus.

LK 1192, 690 810/190 800

㉘ ◀ **Seedorf**
Schlösschen A Pro. Seedorf konkurrenzierte als alter Hafenort Flüelen. Der Landamman Peter A Pro (16. Jh.), Schlossherr mit Seeanstoss, betrieb einen schwunghaften Korn- und Weinhandel.
LK 1191

㉙ ▶ **Altdorf**
Das 1437 gestiftete Fremdenspital gewährte den Reisenden Unterkunft und diente als Krankenhaus (nach Bränden von 1739 und 1877 wieder aufgebaut).
LK 1192

㉚ ▼ **Vierwaldstättersee**
Die Schiffahrt auf dem Vierwaldstättersee und auf den Tessinerseen entwickelte sich parallel zum Gotthardverkehr. Von der Axenstrasse blickt man über Flüelen ins Reusstal hinauf.
LK 1152

㉛ ◀ **Küssnacht**
Über Küssnacht, Immensee und den Zugersee konnten Reisende mit oder ohne Handelswaren den Weg nach Zürich einschlagen. Die Hohle Gasse ist Teil der Vebindung zwischen Vierwaldstättersee und Zugersee.
LK 1151, 676 940/216 100

◄ Zug

In Zug bestand seit 1359 eine Sust. Das abgebildete Gebäude, die sogenannte Sust, wurde in der 2. Hälfte des 15. Jh. als Kaufhaus und Stadtwaage erbaut. Beim Durchgang befindet sich der Eingang zum Fischereimuseum.
LK 1131

► Albis

Von der Albiskette aus bietet sich ein herrlicher Ausblick in die Innerschweiz. Rechts im Bild der Pilatus.
LK 1111

◄ Horgen

Horgen war neben Zürich der wichtigste Umschlagplatz am Zürichsee. Die Sust wurde 1552 eingerichtet und diente als solche bis 1884. Das heutige Gebäude stammt aus dem 17. Jh. und beherbergt das Ortsmuseum.
LK 225

► Zürich

Der Saumpfad über Sihlbrugg und Horgen war Teil der Reichsstrasse, der wichtigsten Strasse von Oberitalien nach Zürich. Hier trafen die einzelnen Routen (Bündner Pässe und Gotthardroute) wieder zusammen.

Splügen und Kerenzer

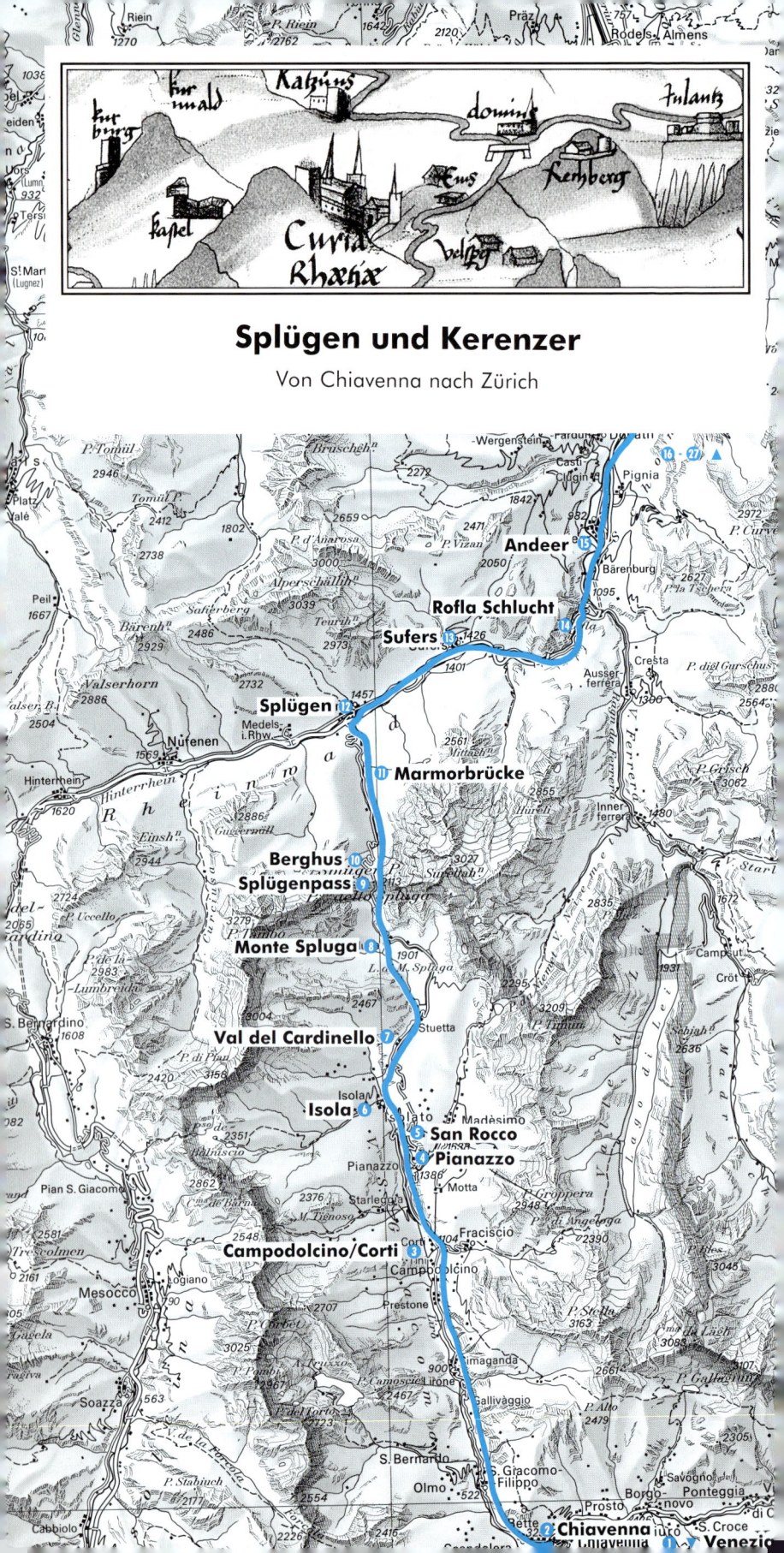

Von Chiavenna nach Zürich

❶ - ❺ Chiavenna

(325 m ü.M.)

🛈 0343-3 34 42
Chiavenna–Isola:
per Postauto 1 h 15′ (+940.45)

Rundgang: Mittelalterliches Zentrum, 5 Tore aus dem 17. Jh. Der Saumweg von Chiavenna verlief über S. Giacomo-Filippo, *Campodolcino*. Der restaurierte Saumweg ist ab Isola ausgeschildert und kann in 2–3 Tagen bewältigt werden. Informationen: 081-62 13 32 (Splügen), 0343-3 34 42 (Chiavenna).

❻ ❼ Isola

(1253 m ü.M.)

🛈 0343-5 30 15 (Madesimo)
Isola–Monte Spluga: 3 h 15′

Besichtigung: *Ehemalige Sust* (heute Gasthof mit Übernachtungsmöglichkeit). Zum Saumweg durch die *Cardinelloschlucht* wird Isola nördlich auf dem Fahrweg verlassen, der am Zipfel des Seeauslaufers den Liro überquert. Östlich des Baches geht es nach Torni, danach ins Val del Cardinello. Dieser Durchgang ist noch heute ein besonderes Erlebnis. Bei der westlichen Staumauer des Sees folgt man dem markierten Weg entlang des Gewässers nach *Monte Spluga*.

❽ - ⓫ Monte Spluga

(1908 m ü.M.)

🛈 081-62 13 32 (Splügen Dorf)
Monte Spluga–Splügen Dorf: 2 h 20′

Besichtigung: Gast- und Susthäuser (mit Unterkunftsmöglichkeiten). Vorbei an den alten Gebäuden zweigt man am Ende des Dörfchens links über den Bach ab und folgt dem Saumpfad bergauf. Südlich des Wegmacherhauses (Pt. 2063) wird die ehemalige Kommerzialstrasse überschritten und auf dem Fussweg geht es weiter zum Pass. Direkt südlich der Passhöhe kommt man zu einer riesigen Blockschutthalde, die auf einem Damm überschritten wird. Man bemerkt jedoch zwei imposante *gemauerte und gepfläsderte Wege*. Der untere Weg scheint teilweise verschüttet worden zu sein, weshalb die obere Linienführung erbaut werden musste. Auf einem Pflasterweg überschreitet man die «grüne Grenze». Kurz nach der Passhöhe fasziniert ein durchgehender, 2–3,5 m breiter *Pflasterweg* mit Querabschlägen und trocken geschichteten Stützmauern. Der Abstieg führt immer wieder über mehr oder weniger ausgeprägte Saumwegstücke, die zum Teil freigelegt worden sind. Unterhalb der Stichstrasse ist zur Linken ein verworrenes Hohlwegsystem um und auf einer Krete zu bemerken, das eindeutig als ältere Passwege zu identifizieren ist. Beim Pt. 1845 berührt man die Passstrasse. Dieser schreitet man auf einem Fusspfad erst östlich, dann westlich entlang, an der Schwarzhütte vorüber. Beim Bachübertritt sieht man eine mächtige Trockenmauer mit unklarer Funktion (Bachverbauung, Schutz des Saumpfades?). Der folgende Wegverlauf unterhalb der Bodmenstafel wird durch ein Blaktenband angezeigt (Blakten sind Nährstoffanzeiger. Vermutlich staut sich das überdüngte Oberflächenwasser der Alpweide im leicht eingetieften, ehemaliger Saumpfad). Anschliessend kommt man am östlichen Waldrand durch einen ausgeprägten, mit alten Trittsteinen gepflästerten Hohlweg (bei Pt. 1774.5). Nach der Querung der *Marmorbrücke*, 30 m talabwärts, steht ein uralter, aus einem Stein gehauener Brunnen, wo die Saumtiere versorgt wurden. Danach folgt der Fussweg dem Hüscherenbach in die Schlucht, wobei der Bergbach nochmals überquert wird. 50 m danach liegt ein schöner Schalenstein (Opferstein) in der Böschung, der schon vor dem Mittelalter benutzt worden ist. Die im Tobel funktionslos dastehenden Stützmauern sind Überreste der ersten Kunststrasse, welche durch ein Unwetter 1834 fast vollständig zerstört wurde. Der Saumweg führt vor der Hüscherenbachbrücke über die Kantonsstrasse in ein Lärchenwäldchen. An dessen Ende unterquert man die N13 und ist bereits im Passdorf *Splügen*.

⓬ - ⓮ Splügen Dorf

(1457 m ü.M.)

🛈 081-62 13 32
Heimatmuseum Rheinwald:
081-62 11 38
Splügen Dorf–Andeer: 3 h 10′

Rundgang: Altes Zollhaus, Posthotel Bodenhaus, ehem. Sust, Schorsch- und Albertinihäuser, Weisses Kreuz, Talmuseum, ref. Kirche. Der Saumweg aus dem bezaubernden Passdorf führt an der reformierten Kirche vorüber, hinter der restaurierten *Burgruine* (mit Grillplatz im Innern) durch und als Waldweg («Römerweg») über die Grüeni zum ältesten Dorf im Tal. Ab *Sufers* führt die alte, asphaltierte Talstrasse ans obere Ende des Stausees zur Staumauer. Hier steht das «*Rheinwalder Törli*». Vorerst noch auf einem Fahrsträsschen, kreuzt man nach der Sufner Schmelzi den Hinterrhein. Die Talstrasse verläuft am linken Flussufer und wechselt beim Tunneltor der Autobahn über die Brücke nach rechts. Dieser Fluss-Seite folgt man bis nach *Andeer*. Bei Rovna unterquert man erneut die N13, wonach die Hauptstrasse in Kehren zur Strassengabelung Rofla hinunterfällt. Beim Gasthaus in der letzten Kehre kann man in das beeindruckende *Innere der Schlucht* einsteigen. Am Ausgleichsweiher der Kraftwerkzentrale Bärenburg zieht sich die Strasse an der rechten Seite entlang. Über das Dörfchen Bärenburg gelangt man zum Hauptort des Schamsertals, Andeer.

Wer die Teilstrecke auf der Autostrasse zwischen Sufers und Andeer meiden möchte, nimmt das Postauto (+940.30; 12'), allenfalls mit Zwischenhalt in der Roflaschlucht.

⓯ ⓰ Andeer

(982 m ü.M.)

☏ 081-61 18 77
Schamser Talmuseum Zillis:
081-61 14 19
Museum St. Martinskirche Zillis:
081-61 22 55
Andeer–Viamala: 2 h 50'

Rundgang: *Scrafitto-Haus*, schmucke Bündnerhäuser, ref. Kirche. Vom Dorfzentrum aus geht man über den Hinterrhein und gelangt zum Dorfteil Mulegn. Hier steigt der Saumweg durch den Wald leicht an und führt zur aussichtsreichen Burgruine Cagliatscha. Hinter der Ruine steigt man direkt durch das kleine Tälchen nach Clugin hinunter. Nach dem Plateau Plans quert man die Bergbäche Fundogn und Valtschiel und gelangt nach Donath (Häuser mit Scrafitti und Wappentafeln). Auf einem Saumweg, der vom südlichen Ende des Dorfes wegführt, wandert man nach *Zillis* (St. Martinskirche, Sust). Bei der Post zweigt der Fahrweg zum Dörfchen Reischen ab. Man zweigt in der Kurve auf einen Saumweg rechts ab und wandert unterhalb des Waldes Davos-Salegn zu, wo der Waldweg talabwärts führt. In einer Schlaufe unterquert man die N13 und mündet bei Rania in die Hauptstrasse ein, der man bis zur Viamala folgt.

⓱ Viamala

(864 m ü.M.)

☏ 081-81 11 34 (Thusis)
Viamala–Thusis: 1 h 45';
per Postauto 15'

Besichtigung: *Viamala-Schlucht*.

Der direkte Wanderweg nach Thusis verläuft auf dem Trottoir der Autofahrstrasse. Den Wanderern wird deshalb empfohlen, das Postauto zu nehmen (+940.30; 15'). Eine zweite Möglichkeit ist der rechtsufrige Fussweg, gekennzeichnet als «Bergweg», bis Nesselboden, von dort hinauf nach Ober-Rongellen und über den Bofel nach Thusis.

⓲ Thusis

(697 m ü.M.)

☏ 081-81 11 34
Thusis–Scharans: per Postauto 10'
Scharans–Reichenau: 4 h 45'

Um dem Verkehr auszuweichen, nimmt man bis zum malerischen Dorf Scharans (Dorfkirche) das Postauto (+940.22; 10'). Vom nördlichen Dorfende führt ein Feldweg durch die prächtige Landschaft des Domleschg mit seinen Tannenwäldern, Gebüschen, Wiesen und Äckern nach Almens (kath. Pfarrkirche). Auf der alten Talstrasse wandert man über den Val d'Almen, umgeht den Canovasee östlich und benützt eine Abkürzung über Mulegns nach Rothenbrunnen. Hier beginnt der «Polenweg», der im letzten Weltkrieg von internierten Polen gebaut wurde und rechts des Rheins durch schöne Auen und Wälder bis zum Bahnhof von *Reichenau* führt.

⓳ - ㉒ Reichenau

(604 m ü.M.)

☏ 081-37 10 44
Reichenau–Chur:
per Bahn (+941; 11')
Chur–Bad Ragaz:
per Bahn (+900; 17')

Rundgang: Schloss, ehem. Zollgebäude und Sust, Brückenkopfrest bei der Brücke über den Vorderrhein.

Der Saumweg führte von Reichenau nach Chur, Landquart, Jenins, Maienfeld, über den Pass St. Luzisteig nach Balzers, Vaduz, Schaanwald nach Feldkirch. Von Maienfeld zweigt eine Handelsroute über Bad Ragaz, Sargans in Richtung Zürich ab. Bei Walenstadt wurden die Waren verschifft oder über den Kerenzerberg nach Weesen gesäumt.

Bad Ragaz

(514 m ü.M.)
081-302 10 61
Bad Ragaz–Walenstadt: 4 h 40'

Besichtigung: Ehem. Zollhaus (heutiges Rathaus), Bad- und Trinkhalle.

Vom Bahnhof aus schreitet man nach St. Leonhard, wo der Wanderweg über die Büelstrasse dem Waldrand entlang nach Vilters (Pfarrkirche, Kapelle) führt. Oberhalb des Dorfes wird der Vilterser Bach überquert. Nordwestlich des Dorfes wandert man auf leicht erhöhtem Weg über die Feerbachmüli nach Mels (alter Gasthof Schlüssel und heutige Drogerie). Vom intakten Dorfplatz mit Blick auf den Gonzen geht es westwärts bis zur Seezbrücke, dem rechten Ufer folgend überquert man die nächste Brücke, bei Runggalina, und gelangt nach Plons. Längs des linken Seez-Ufers nun bis nach Flums (alte Pfarrkirche, Eisenherrenhaus). Das grosse Dorf, in dem einst das Gonzenerz verhüttet wurde, verlässt man durch die Ebene zwischen Seez und Schils in Richtung der Burgruine Gräpplang. Hier wird das Seeztal gequert. Von Berschis folgt man dem Weg mit Sicht auf die erhabenen Churfirsten über Gela, Brüsis, Tscherlach und über die Dorfhalde nach Walenstadt.

㉓ - ㉗ Walenstadt

(426 m ü.M.)
081-735 15 45
058-21 21 25 (Kt. Glarus)
Ortsmuseum:
081-735 15 45 (Verkehrsverein)
Walenstadt–Mollis: 5 h 35'
Mollis–Ziegelbrücke–Weesen:
per Bahn 7' und Postauto 7'

Besichtigung: Kath. Pfarrkirche, Teile der alten Ringmauern.

Vom Bahnhof aus über die Seez muss das Trottoir längs der Strasse bis nach Bommerstein benützt werden, sodann dem See entlang nach Unterterzen. Von der Dorfmitte steigt die Fahrstrasse nach Quarten an. Kurz vor dem Bach zweigt man rechts ab und gelangt auf dem Wanderweg zum Dorf. Auf der oberen Fahrstrasse Richtung Murgtal wandert man mit herrlichem Ausblick auf den See und die *Churfirsten* über Stein, Tal, Afadella. Im Neubruchwald (ca. 250 m nach Pt. 645) hinunter nach Tasten und über den Murgbach (bei genügend Wasser lohnt sich ein Abstecher zum Murgerwasserfall, ca. 5'). Absteigend erreicht man Gand und über Buechen den Bluemboden. Mit etwas Gegensteigung kommt man in den Schneeliwald und zum Rotbach, der die Grenze zwischen St. Gallen und Glarus bildet. Bis Erggeli ist eine kurze Steigung zu überwinden und leicht abwärts führt der Weg unterhalb Haselboden dem Hang entlang. Nach der Geissegg (verlassene Geissgäden) wird auf einer gewölbten *Steinbogenbrücke* der Meerenbach überquert. Über den Streuweiler Walenguflen geht es nach Obstalden (Kirche), wo oberhalb der Fahrstrasse die «Alte Landstrasse» über Rütegg nach *Filzbach* führt. Bis zum Hotel Römerturm (röm. Wachtturm-Reste) benützt man das Trottoir der Autostrasse und zweigt dann auf den Saumweg durch den herrlichen *Britterwald* ab. Mit Blick auf die *Linthebene* erreicht man die Fahrstrasse und biegt Im Chappelen (nach Pt. 600) wiederum auf die *«Alte Landstrasse»* ein, die über Beglingen und abkürzend am «Haltli» vorbei nach *Mollis* (Mineralbad, Rüfihaus, Zwickihaus), absteigt. Von Mollis-Näfels empfiehlt es sich, Bahn und Postauto zu benützen (+902; 900.20).

Weesen

(424 m ü.M.)
058-43 12 30
Heimatmuseum: 058-43 11 35
(Gemeindeverwaltung)

Besichtigung: Kath. Kirche, ehem. Spital, ehem. Glarner und Schwyzer Sust.

In Weesen wurden die Güter auf der Linth zum Obersee transportiert und auf Schiffen bis nach Zürich weiterbefördert.

Landeskarten: 1:25 000: Campodolcino 1275, Splügenpass 1255, Andeer 1235, Thusis 1215, Reichenau 1195, Schiers 1176, Sargans 1155, Walensee 1134, Linthebene 1133, Klöntal 1153.
1:50 000: Roveredo 277, S. Bernardino 267.
Wanderkarten: 1:60 000: Bündner Wanderkarte. 1:50 000: Glarnerland. Sentiero storico dello Spluga – Splügenpass, historischer Wanderweg. Comunità Montana Valchiavenna
Wanderliteratur: Mittelbünden, Kümmerly + Frey (42). St. Galler Oberland, Kümmerly + Frey (45). St. Galler Oberland, kantonal-st. Wanderwege (Bd. 3). Blumer Ernst, Landesfusswege, Histor. Verkehrswege im Glarnerland, Glarus 1991[2]. Glarnerland, Kümmerly + Frey (3673).

❶ ▲ Venedig
Über viele Jahrhunderte hinweg war die einstige «Republik von San Marco» eine europäische Handelsmetropole ersten Ranges. In ihrem Hafen wurden die Güter aus der Levante und Asien gelöscht.

❷ ▲ Chiavenna
Die kürzeste Verbindung zwischen der Poebene und Mitteleuropa führte über Chiavenna, das – wie die ursprüngliche Bedeutung des Namens (Schlüssel) nahelegt – auf der Passage eine wichtige Stellung einnahm.

❸ ◄ Campodolcino/Corti
Hier befand sich eine römische Haltestelle. Zwei Routen steigen zum Pass hinauf: in der Schlucht der Weg des Cardinello, am Osthang die Variante über Pianazzo. Die «römische» Brücke über die Rabbiosa datiert aus dem Mittelalter.
LK 1275, 747 430/140 970

❹ ► Pianazzo
Die in den Fels geschroteten, mittelalterlichen Steintreppen bei Pianazzo beweisen, dass diese Route für Karren oder Ähnliches nicht zugänglich war.
LK 1275

5 ▲ San Rocco
Zwei Routen führten das Tal hinauf: die eine über die Ostflanke und nicht zufällig vorbei am Kirchlein von San Rocco, die andere durch den Talgrund.
LK 1275, 746 750/145 150

6 ▶ Isola
Vor dem steilen und gefährlichen Aufstieg durch die Cardinelloschlucht wurden in der Sust von Isola die Waren noch einmal umgeladen.
LK 1275

6 ▶ Isola
Die ehemalige Sust dient heute noch als Gasthaus und zeigt am Eingang die Jahreszahl 1722. Im Inneren blieb eine der Gaststuben weitgehend im ursprünglichen Zustand erhalten.
LK 1275

91

Die «Untere Strasse» und der Splügen

Die «Untere oder Italienische Strasse» nimmt ihren Anfang in Bellinzona oder Chiavenna, und führt einerseits über den Bernhardin, andrerseits über den Splügen nach Splügen Dorf, um von dort durch die Schluchten der Rofla und der Viamala nach Chur hinunterzusteigen. Sie war wohl stets eine der wichtigsten Transitstrecken über die Bündner Alpen. Je nach politischer Konstellation wurde der Splügen favorisiert oder aber zugunsten anderer Routen (Julier/Septimer) vernachlässigt. Eine ebenso grosse Rolle für die Streckenwahl dürfte der jeweilige bauliche Zustand gespielt haben. Eine Vielzahl von Linienführungen, insbesondere auf der Südseite des Passes, führt dazu, dass man von mehreren Saumpfaden am Splügen sprechen muss.

Como war für die Splügenroute ein wichtiger Hafenumschlagplatz. Darstellung von 1657

Aufgrund archäologischer Befunde können wir annehmen, dass er wahrscheinlich bereits in der Urgeschichte begangen wurde. Einen starken Aufschwung erlebte die Untere Strasse nach 1473 durch den Ausbau der Viamala-Schlucht südlich von Thusis. Der Bernhardin und vor allem der Splügen waren von da an unumstritten die wichtigsten Bündner Transitpässe. Beide Seiten des Splügenpasses gehörten zwischen 1512 und 1797 dem Staat der rätischen Drei Bünde.

Die an der Route ansässigen Einheimischen profitierten vom Verkehr, der durch ihre Täler zog, sei es im Transport oder in der Versorgung von Mensch und Tier. Für den Warentransport über den Pass kamen Saumpferde und Träger, im Winter Schlitten zum Einsatz. Karren konnten kaum eingesetzt werden; dies verraten uns die an verschiedenen Stellen in den Fels gehauenen oder aus Steinplatten gefertigten Treppenstufen. Bis ins 19. Jahrhundert führten meist einheimische Saumpferde Transitgüter wie Wein und Seide, Gewürze oder Fertigprodukte über die Berge. Erst der Bau von Kunststrassen zu Beginn des letzten Jahrhunderts, die im heutigen Sinne befahrbar waren, brachte das straff organisierte Säumerwesen zum Erliegen.

Säumerkolonne, Dastellung um 1800

Die Saumpfade des Splügen wurden aber auch immer wieder von Truppen heimgesucht. Bekannt sind etwa die Feldzüge des Grauen Bundes (1525) und des Herzogs von Rohan (1635) oder der unsägliches Leid anrichtende Einmarsch einer französischen Division im Jahre 1799. Als letzter Feldherr, der den Pass und insbesondere die südlich des Passes gelegene Cardinelloschlucht bezwang, ging General Macdonald mit seiner Armee in die Geschichte ein: Im Dezember 1800 brach er trotz tobender Winterstürme von Splügen auf. Unter widerwärtigsten Bedingungen und mit hohen Verlusten erreichte das Heer schliesslich die Schlucht, wo eine Lawine weitere Soldaten in die Tiefe riss. Die Legende erzählt, dass eine Sturmböe einen Tambour in den Abgrund gestossen habe, der den Sturz aber unversehrt überlebte: noch stundenlang hörte man ihn die Trommel rühren, bis der Hunger- und Kältetod ihn verstummen liess ...

Bergsturzgebiet

Seit dem 18. Jahrhundert fanden immer mehr schöngeistige Persönlichkeiten den Weg über die gepflästerten Saumpfade. So berichten Gästebücher in Splügen auch über Besuche von Goethe, Bakunin, Fontane, C.F. Meyer, Röntgen, Einstein oder auch Prinz Bonaparte, dem späteren Napoleon III. Dass die Reise über den Pass nicht nur beschaulich war, wusste Andreas Ryff bereits 1587 in seinem Reisebüchlein zu berichten: «Von

Cleven auss tritt man gleich das gebirg, den Spligenberg, ahn ist ein böser, sorglicher Berg zuo reissen. Fir mein theil wolt ich lieber den Gothard 2 mol dan disen 1 mol reisen, nit allein von wegen der bösen, stutzigen und hochen stalden und bergen enenvohr gegen Cleven (Chiavenna).»

Im Winter wurde den Reisenden gegen ein entsprechendes Entgelt ein Service besonderer Art geboten, den J. F. Heigelin 1793 wie folgt beschreibt: «Getraut sich jemand nicht, zu Fuss über den Berg zu reisen, so findet man in Splügen oder Isola Schlitten bereit, legt sich der Länge nach drein, bedeckt den Körper bis über die Ohren mit warmen Matrazzen und Federbetten, und übergibt dann die Fahrt, und das Leben, einem oder mehrern Ochsen je nachdem der Weg gut oder schlecht ist». Einer dieser Schlitten ist im Heimatmuseum in Splügen zu bewundern, welches auch sonst allerlei Wissenswertes über den Passverkehr beherbergt.

Brücke über den Hinterrhein in Splügen. Ansicht aus dem 19. Jh.

Die gut ausgebauten Pfade waren vortrefflich dazu geeignet, jeweils im Herbst die Rinderherden auf die grossen Viehmärkte zu treiben, welche bis im 19. Jahrhundert alle südseits der Alpen lagen. Noch für einen weiteren Wirtschaftszweig waren die Saumpfade von nicht zu unterschätzender Bedeutung, nämlich für den bis vor wenigen Jahrzehnten rege betriebenen Schmuggel über die italienisch-schweizerische Grenze.

Arne Hegland

Kerenzer

Das Walenseetal, und damit die in früheren Zeiten einzig mögliche Wegverbindung über den Kerenzerberg, war schon für die Römer eine strategisch wichtige Querverbindung. Ob sie mehrheitlich den häufig gefährlichen Wasser- oder lieber den Landweg benutzten, bleibt offen. Grössere Bedeutung erlangte dieser Pfad vom Mittelalter bis zum Bau der neuen Kerenzerbergstrasse in den Jahren 1836–1851. Er wurde benützt für Handel und Verkehr vom Bündnerland und Rheintal ins Schweizer Flachland und umgekehrt. Für die Glarner war er die recht beschwerliche Verbindung zu den drei, Ende des 14. Jahrunderts in ihr Land aufgenommenen Dörfer Filzbach, Obstalden und Mühlehorn. Von 1517–1798 diente dieser Saum- und Reitweg dem Verkehr zur Glarner Vogtei Werdenberg. Die Kriegszüge der Österreicher zur Schlacht bei Näfels (1388) und später der Franzosen (1798–1802) führten über diesen Pfad. Im Zusammenhang mit der Erz- und Kupfergewinnung im Mürtschental um 1600 und 1834 war er ebenfalls bedeutungsvoll. Den ersten Weg am Ufer des Walensees liess Ratsherr Fridolin Heer auf eigene Kosten bauen (1603–1607). Während einem Jahrhundert verschaffte diese direkte Verbindung etwas Erleichterung. Verschiedene Spuren der alten Strasse sind noch sichtbar.

Ernst Blumer

Ansicht von Splügen mit einem Säumer im Vordergrund. Aquatinta von 1803

Panthenbrücke oberhalb Linthal am Kisten- und Sandpass gelegen. Darstellung von 1853/54

❼ ▶ Val del Cardinello
Die Inschrift erinnert vermutlich an einen hier 1718 verunglückten Säumer.
LK 1255

❼ ◀ Val del Cardinello
Die historische Streckenführung zw. 1600 und 1800 bevorzugte den Aufstieg durch die Cardinelloschlucht, von Isola (1253 m) nach Stuetta (1876 m). Viele eindrückliche Passagen sind gut erhalten, so etwa eine Steintreppe.
LK 1255, 745 900/147 820
bis 746 360/148 460

❼ ▼ Val del Cardinello
Der Ausblick aus der Nähe der Staumauer zeigt eindrücklich, wie die Wände der Cardinelloschlucht fast senkrecht abfallen. Der «infame Kardinell» galt als eines der gefürchtetsten Wegstücke in den Bündner Alpen.
LK 1255

❽ ▲ Monte Spluga
In der sumpfigen Ebene südlich von Monte Spluga wurde für die Kommerzialstrasse ein Damm angelegt. Bei Niedrigwasser im Stausee ist der Verlauf gut erkennbar.
LK 1255, 745 730/150 430

❾ ▶ Splügenpass

Über ein Geröllfeld steigt die letzte Stufe zum Pass an. Zur Bezwingung dieser Halde musste aufwendiger Wegbau betrieben werden. Die Wegführung zeigt, dass die Bauten unterschiedlichen Alters sind.

LK 1255, 745 360/151 740

❾ ▲ Splügenpass

Die Passhöhe bildet die Grenze zwischen Italien und der Schweiz. Der gepflästerte Saumpfad wurde 1993 auf verschiedenen Abschnitten freigelegt.

LK 1255, 745 240/152 490

❿ ◀ Berghus

1841 baute der Kanton Graubünden ein Zollhaus (rechts). Heute dient es als Gasthaus. Das neue Zollhaus (links) entstand 1929.

LK 1255, 744 940/152 940

⓫ ◀ Marmorbrücke

Der Saumpfad kreuzt mehrere Male die Kommerzialstrasse aus der ersten Hälfte des 19. Jh. Im Bild die zu dieser Strasse gehörende Marmorbrücke, deren Platten aus einem nahegelegenen Steinbruch stammen.

LK 1255, 744 800/155 450

⓬ ▶ Splügen

Die ursprüngliche Walsersiedlung, an der Abzweigung zum San Bernardino, Safierberg und Splügen gelegen, entwickelte sich dank der verkehrsgeographisch günstigen Lage zu einem stattlichen, einzigartigen Haufendorf.

LK 1255

⓬ ▲ Splügen

Am oberen Dorfrand, auf dem Weg zum Safierberg, passierten die Säumer das «Törli» zwischen den hablichen Schorschhäusern (von ital. a Georgi). Die Ringe an der Decke erinnern an den Warenumlad.

LK 1255

⓬ ▶ Splügen

Kurz nach Splügen führt der Weg an der Ruine Splügen vorbei. Die grosszügige Anlage stammt vermutlich aus dem 13. Jh.

LK 1235, 745 600/158 050

⓭ ▲ Sufers

Sufers war ursprünglich die oberste Siedlung am Hinterrhein. War die Roflaschlucht unpassierbar, bot sich hier die Umgehung über den Lai da Vons an. Im Vordergrund der gestaute Sufnersee.

LK 1235

⓭ ▲ Sufers

Das Rheinwaldtor befindet sich am Fusse der Sufner Staumauer. Der Tunnel der Kommerzialstrasse erhielt seinen Namen daher, weil es sozusagen als Eintrittstor von der Roflaschlucht zum Rheinwald diente.

LK 1235, 748 820/159 195

⓮ ▼ Roflaschlucht

Am unteren Eingang zur Roflaschlucht befindet sich ein altes Gasthaus. Der ehemalige Besitzer erbaute in den Wintern von 1907 bis 1914 mit dem Handbohrer (!) als Touristenattraktion einen Stichweg in die Schlucht.

LK 1235

⑮ ▼ ▶ Andeer

Die Scraffitodekoration ist für einige Bündner Talschaften typisch. Im Bild das Haus Pedrun (1501). In der naheliegenden ehemaligen Sust sind im Innern noch Fresken und die Tablare der Schnapstheke erhalten.

LK 1235

⑯ ◀ ▲ Zillis

St. Martin, ehemals die Mutterkirche des ganzen Schamsertals, beherbergt die berühmte, aus 153 Holztafeln bestehende Bilderdecke aus dem 12. Jh. Die Motive zeigen biblische Szenen.

LK 1235

17 ▲ Viamala
Die Schlucht wurde bereits von den Römern bezwungen. Dank dem Ausbau des Saumpfades im 15. Jh. überflügelte die Splügenroute diejenige über den Septimer. Der Via-Mala-Brief (1473) regelte die Rechte der Säumerbauern.
LK 1215

18 ▶ Thusis
Durch die Altdorfstrasse in Thusis schritten während Jahrhunderten Säumerkolonnen. Die Entwicklung von Thusis hängt wie diejenige von Splügen eng mit seiner Lage an einer wichtigen Durchgangsroute zusammen.
LK 1215

⑲ ▶ Reichenau

Der historische Brückenkopf Reichenau, am Zusammenfluss von Vorder- und Hinterrhein gelegen, weist eine Vielzahl von Bauten auf, die Verkehrszwecken dienten.

LK 1195

⑳ ▼ Chur

Das alte Zollhaus liegt an der Verzweigung der Julier-/Septimer- und der Splügen-/Bernhardinroute. Zölle werden in diesem Haus keine mehr erhoben, dafür werden nun Speis und Trank serviert.

LK 1195

㉑ ◀ Jenins

Der französische Heerführer Henri Duc de Rohan (16. Jh.) zog 1635 über den Splügen nach Chiavenna, um die Österreicher aus dem Veltlin zu vertreiben. Er soll die Burgunder-Rebe in die Bündner Herrschaft gebracht haben.

LK 1156, 760 850/207 680

㉒ ◀ Maienfeld

Das Städtchen war nicht nur als Herrschaftssitz (im Bild Schloss Brandis) von Wichtigkeit, sondern auch als Etappenort für Säumer und Fuhrleute.

LK 1155

㉓ ▼ Walensee

Die Wasserwege spielten im Mittelalter eine weit grössere Rolle als heute. Bei der oftmals stürmischen und gefährlichen See konnte der Saumpfad über den Kerenzerberg vorgezogen werden.

LK 1134

㉓ ▲ Walensee
Von Ameningen bietet sich ein prächtiger Ausblick auf die gegenüberliegenden Churfirsten.
LK 1134

㉔ ▲ Meerenbach
Die mittelalterliche Meerenbachbrücke ob Mühlehorn überwindet den gleichnamigen Bergbach.
LK 1134, 731 230/219 120

㉕ ▲ Filzbach
Der ehemals römische und im Mittelalter weitergenutzte Weg heisst heute noch «Alte Landstrasse», «Gasse» oder «Kerenzerweg». Er verlor seine Bedeutung nach dem Bau der neuen Strasse (1836–1851).
LK 1134, 728 700/220 080

㉕ ◀ Filzbach
Beim Hotel Römerturm sind die Grundmauern des römischen Wachtturmes erhalten geblieben. Von hier aus reicht der Blick weit über die ehemals sumpfige Linthebene.
LK 1134, 727 420/220 300

㉕ ▶ Filzbach
Die «Alte Gasse» im Britterwald. Auf ihr ritten die Glarner Landvögte nach Werdenberg. Auf den ebenen Wiesenplätzen wurden Ende des letzten Jahrhunderts viele Hufeisen aus der «Franzosenzeit» gefunden.
LK 1134, 726 100/219 800

㉗ ◀ Mollis
Das unter Denkmalschutz stehende Rüfihaus an der Haltligasse wurde um 1700 erbaut. Hier nimmt die alte Kerenzerstrasse ihren Anfang.
LK 1153, 724 310/217 440

㉖ ▲ Beglingen
Die «Alte Landstrasse» bei Beglingen ist seit dem Bau der Kerenzerbergstrasse (1837) den Fussgängern vorbehalten. Im Hintergrund sichtbar der Glärnisch.
LK 1133, 724 330/218 360

㉗ ▶ Mollis
Das stattliche Zwicki-Haus (1612) liegt an der ehemaligen «Reichsstrasse» vom Glarner Hinterland nach Sargans.
LK 1153, 724 200/216 730

Bibliographie

Aerni, Klaus: Gemmi–Loetschen–Grimsel. Beiträge zur bernischen Passgeschichte, in: Jahrbuch der Geogr. Ges. Bern, 51 (1973/74), S. 23–61; Blumer, Ernst: Landfusswege. Historische Verkehrswege im Glarnerland. 2. Auflage 1991; Dubuis, Pierre (Hrsg.): Une région, un passage. L'entremont de la fin du Moyen Age à nos jours, 1989 (Edition du Bimillénaire du Grand-Saint-Bernard); Kocher, Alois: der alte St. Gotthardweg. Verlauf – Umgehung – Unterhalt, in: Hist. Neujahrsblatt Uri, Freiburg 1951, Neue Folge, 4. und 5. Heft, S. 7–125; Kunstführer durch die Schweiz, hg. von der Gesellschaft für Schweiz. Kunstgeschichte, Bern 1975; Mittler, Max: Pässe, Brücken Pilgerpfade. Historische Verkehrswege der Schweiz, Zürich 1988; Müller-Lhotska, Urs Alfred: Das Pferd in der Schweiz. Von der Prähistorie bis zum ausgehenden Mittelalter, Zürich 1984; Nationales Gotthard-Museum, Airolo 1989; Nething, Hanspeter: Simplon, Thun 1977; Reichen, Quirinus: Auf den Spuren des Käses nach dem Süden. Vom frühen Sbrinz-Export über die Alpenpässe Grimsel und Gries (Broschüre kann bei der Schweiz. Käseunion bezogen werden). Bern 1988; Saumpfadwanderungen in der Schweiz, Autorengruppe, Schweizer Verlagshaus, SV international, Zürich 1982; Schulte Aloys: Geschichte des mittelalterlichen Handels und Verkehrs zwischen Westdeutschland und Italien mit Anschluss an Venedig, Berlin 1966 (Neuauflage von 1900), 2 Bände; Trainreglement der Schweizer Armee, EDMZ 1983; Wyss-Niederer, Arthur: Sankt Gotthard Via Helvetica, Lausanne 1979.

Bildnachweis

Archiv SVZ: 25 o.r.; 25 u.r.; 76 o.r.; 76 u.l.; 77 u.l.; 77 u.r.; 80 u.r.; 85 m.r.; Azienda di Promozione Turistica di Venezia: 90 o.l.; D. le Nevé: 27 m.r.; E.N.I.T.: 69 o.; Ernst, M.: 63 u.l.; 78 u.; Häsler Alfred A.: Berner Oberland, Geschichte und Geschichten, Münsingen, Bern und Thun 1986: S. 73: 58 o.l.; Inventar historischer Verkehrswege der Schweiz (IVS): 33 u.r.; Konrad Türst, Älteste Karte der Schweiz, Zentralbibliothek Zürich: 6–8; Korporation Ursern: 79 u.l.; M:M: Exchaquet, Struve et I:P: van Berchem 1791: 72 u.l.; Maison de la France: 27 u.l.; Malerische Reisen durch die schöne alte Schweiz (1759–1850), Zürich 1982, S. 176: 93 m.r.; Matthaeus Merian, Topographia Helvetiae, Rhaetiae et Valeriae, 1642. aus: Die schönsten Städte der Schweiz, Hamburg 1965, S. 32: 19 m.r.; Mittler, Max: Pässe, Brücken, Pilgerpfade, Zürich 1988: S. 89: 72 m.l.; Nationales Gotthard-Museum, Airolo 1989: S. 44: 92 o.l., S. 101: 92 m.l.; Nething, Hanspeter: Der Simplon, Thun 1977: S. 83: 18 m.l., S. 51: 19 u.r., S. 21: 34 u.l.; Olaus Magnus: Der Mensch im Bergwinter des 16. Jahrhunderts, aus der «Historia de gentibus septentrionalibus» 1550, aus: E. Rizzi, Geschichte der Walser, Chur 1993: S. 20 ff: 44 l.; PTT-Museum, Bern: 19 o.r.; Reichen, Quirinus: Auf den Spuren des Käses nach dem Süden. Bern 1988: S. 49: 5 o.l., S. 38: 9 o.r., S. 7: 34 o.l., S. 11: 34 m.l., S. 26: 58 2. Bild von o.; Rittmeyer, Emil: Die Alpen in Natur- und Lebensbildern, Leipzig 1862: S. 99: 72 o.l., 92 u.l.; Sammlung J.-P. Dewarrat/ Laurence Margairaz: 34, 3. Bild von o.; Sammlung Urs A. Müller: 18 o.l., 18 u.l., 58 3. Bild von o., 58 u.l., 73 o.r. 73 m.r., 73 u. l., 93 o.r., 93 u.r.; Stiftung Simplon: 23 o.r.

Abkürzungen: o. = oben, u. = unten, m. = Mitte, l. = links, r. = rechts

Die Serie «Wege zur Schweiz» führt den Leser auf Kulturwegen von europäischer Bedeutung durch die Schweiz. Bereits erschienen sind der «Römische Reiseplaner», der den Stationen der «Tabula Peutingeriana» folgt und der «Pilgerkompass», der den Spuren der mittelalterlichen Jakobspilgern nachgeht. In Vorbereitung ist das Thema Barock.